JN116787

山本浩司の
automa system
プレミア 6
憲法・刑法

Wセミナー 専任講師 山本浩司

早稲田経営出版
TAC PUBLISHING Group

はしがき

司法書士試験のマイナー科目においては、いかに時間をかけずに合格点を取るための力をつけるかという要領の良さが求められます。

合格点が取れないのも困りものですが、そのために時間を使いすぎることも受験全体の時間配分のバランスの中では好ましいこととはいえないわけです。

そこで、本書では、事例式でわかりやすく一問一答で点を取るための要点を書き、ご紹介する判例も試験において大事なものだけをピックアップしました。

本書を利用することが合格への近道となるように編集しました。本書で合格をつかみましょう。

平成25年1月

山本浩司

第6版　はしがき

性犯罪に関する刑法の一部改正や、横領罪に関する近年の判例などを反映させ、さらに全体の記述を見直して、細かな修正を加えて、第6版を刊行することといたしました。

みなさまの司法書士試験の合格、そして、今後のご活躍を心よりお祈り申し上げております。

令和6年5月

山本浩司

【目次】

第2章　各　論 ……233

第1部

憲　法

第１章　人　権

1 憲法と人権

憲法は、国の最高法規です（憲法98条１項）。

立憲民主主義とは、法律が憲法に違反することを許さないことを意味します。

憲法に違反する法律などは、その効力を有しません。

法律は、国会の議決により成立します。

したがって、法律が憲法に違反することを許さないということは、多数決原理よりも重要な原理があることを意味します。

→単なる民主主義は、多数者支配の意味にもなるが、立憲民主主義には、多数決でも許されない原理が存在する。

では、その原理とは、何でしょうか？

それは、「基本的人権」の尊重です。

憲法は、基本的人権を保障する国家の基本法であり、このために、最高法規であるとされています（憲法97条、98条１項）。

設問１

人権とは、何か？

人間が、ただ、人間であるということに基づいて当然に権利を有するという考え方です。

一人一人の人間が、尊厳なる存在であるという認識に立脚します。

元来、人権は、キリスト教思想に基づきます。

神により与えられたもの、あるいは、自然法に基礎を置く権利です。

したがって、人権は、国家の成立以前から存在していたことになります。

自然法とは、人為によらず、神が与えた法を意味します。

国家の実体法に先立って存在する、基本的な法と正義を意味します。

《関連事項》法の支配と法治主義

法の支配は、自然法の支配を意味します。

したがって、国民の、自由、権利を保障することを目的とした原理です。

これに対して、法治主義は、議会が制定した法による統治を意味します。

これは、法律による行政という、国家作用の形式を意味します。

法の内容とは無関係であり、したがって、いかなる政治体制とも結合します。

設問2

人権は前国家的権利に限られるか？

前国家的権利に限られません。

たとえば、社会権、参政権があります。

以下、解説をします。

人権には、3つの種類があります。

1．自由権

国家からの自由。国家の不作為を求める権利です。

たとえば、特定の思想や宗教を国家により強制されることはないという自由です。

2．社会権

国家による自由。国家の作為を求める権利です。

たとえば、生活保護を受ける権利が、これに当たります。

3．参政権

国家への自由。国家に対する発言権を意味します。

選挙権、被選挙権が、その代表です。

以上の人権のうち、自由権は、国家の成立以前に存在していた権利として観念できます。

しかし、社会権と参政権は、国家の存在を前提としますから、国家の成立以前には観念できません。

以上から、人権のうち、自由権が、最も根源的な人権であるといえます。

このため、一般論として、自由権は、社会権よりも、その憲法上の保障が手厚いといえます。

なお、参政権は、国民主権とのかかわりがあるため、人権としての保障は手厚い傾向にあります。

《関連事項》憲法の基本原理

憲法の基本原理は、以下の３つであるとされています。

１．国民主権
２．基本的人権の尊重
３．平和主義

設問３

参政権の、人権としての特徴は何か？

最大の特徴は、年齢制限があることです。

元来、人権は、人間が、ただ、人間であるということに基づいて当然に権利を有するという考え方です。

したがって、本来、赤ん坊にも人権の保障が及びます。

しかし、参政権は、この点が他の人権と相違します。

設問４

人権を制約する原理はあるか？

憲法13条は、「生命、自由及び幸福追求に対する国民の権利については、公共の福祉に反しない限り、立法その他の国政の上で、最大の尊重を必要とする」と規定しています。

ここに、公共の福祉が、人権の制約原理として登場します。

このほか、憲法12条、22条1項、29条2項にも、公共の福祉という文言があります。

その意味するところは何かが、問題の所在です。

憲法12条

この憲法が国民に保障する自由及び権利は、国民の不断の努力によつて、これを保持しなければならない。又、国民は、これを濫用してはならないのであつて、常に公共の福祉のためにこれを利用する責任を負ふ。

憲法22条

1項　何人も、公共の福祉に反しない限り、居住、移転及び職業選択の自由を有する。

憲法29条

2項　財産権の内容は、公共の福祉に適合するやうに、法律でこれを定める。

通説的な見解では、人権に**内在**する制約として、公共の福祉による制約が存在します。

この見解を、**一元的内在制約説**といいます。

権利であっても、その濫用は許されず、他者の人権との兼ね合いで、人権に内在的な制約があるという考え方です。

これに対して、公共の福祉は人権を外部から制約する原理であると考える説があります。

これを、**一元的外在制約説**といいます。

この考え方は、人権よりも公共の福祉のほうが、高次元の原理になりかねないので、あまり人気がありません。

法律の留保という考え方と結びつきやすいと批判されます。

法律の留保とは、国民の人権は、法律が認めた範囲という留保付で認められるという考え方であり、この考え方によれば、人権は前国家的な天賦の権利ではなく、国家が認めることにより成立する権利であるというように理解されることになりがちです。

以上の2つの考え方は、いずれも、憲法の条文に現れる、公共の福祉という言葉の意味を同一の意味としてとらえています。

ただ、その制約の内容が、人権に内在するものであるか、外在的なものであるかの相違です。

これに対して、公共の福祉という言葉の意味を別個にとらえる考え方があります。

それが、**内在、外在二元的制約説**です。

人権に関する一般則である、憲法12条、13条にあっては、公共の福祉による外部からの制約を認めません。

これらの規定は、**訓示的な規定**にすぎないと考えます。

訓示的な規定とは、道徳的な意味合いしかない規定ということです。

これに対して、経済的自由に関する憲法22条1項、29条2項においては、公共の福祉は、人権に対して外部からこれを制約する原理になるということになります。

一般的に、経済的自由は、精神的自由に比べて制約が多いと考えられるためです。

たとえば、自己所有の土地であっても、自由に建物が建てられるわけではなく、建築基準法等の規制立法により、建物の大きさや構造、建物の用途などの規制が広範にされています。

この場合、公共の福祉は、外部的な人権の制約原理になりうるということになります。

しかし、内在、外在二元的制約説には、重大な欠陥があるとされています。

というのは、憲法13条を、訓示的規定にすぎない（つまり、法的意味がない）と解釈してしまったため、この規定を、「新しい人権」の根拠規定とすることができなくなってしまうのです。

プライバシー権は新しい人権の1つであると解するのが、通説の見解ですが、内在、外在二元的制約説では、そうした解釈をすることができず、人権保障の重要な根拠条文を1つ失うこととなってしまうのです。

《関連事項》新しい人権

憲法の個別の人権規定には存在しない、歴史的に新しい人権です。

社会状況の変化に伴い、個人の人格的利益に不可欠な権利、自由として憲法による保障に値する権利です。

新しい人権は、憲法13条により保障されるというのが、判例・通説の考え方です。

なお、新しい人権の成立は、個人の人格的利益に「不可欠」という要件を満たす場合に限り認められます。

判例において認められたものとしては、プライバシー権、肖像権があります。

→なお、判例は、肖像権という言葉の使用は避けている。

設問5

外国人に、人権は保障されるか？

原則として、保障されます。

人権とは、人間が、ただ、人間であるということに基づいて当然に有する権利であり、外国人も人間であるからです。

しかし、権利の性質上、日本国民にのみ認められるべき権利については、外国人には保障が及びません。

この考え方を、**性質説**といい、判例・通説の考え方です。

たとえば、社会保障を受ける権利（社会権）について、外国人に日本国民と同様の保障を与えることは、憲法上の要請ではありません。

外国人は、本国において、保障を受ければよいと考えられるためです。

参考判例

社会保障上の施策において、在留外国人をどのように処遇するか、国は、特別の条約が存しない限り、その政治的判断によりこれを決定することができ、その限られた財源の中で、自国民を在留外国人より優先させることが許される（最判平1.3.2）。

宿題 1 外国人に参政権（選挙権、被選挙権）は認められるか？
国政と地方自治の双方について、考えてみよう。

宿題 2 外国人は、わが国の公務員になることはできるか？

設問 6

外国人の人権に関して、文言説とは何か？
また、文言説の欠点として、一般にどういうことが指摘されているか？

憲法の人権に関する条文の主語に、「何人も」とあれば、その権利は外国人にも保障されるが、「国民」の権利とされている権利については、外国人には保障されないという考え方を「文言説」といいます。

この説の欠点は、憲法22条２項を、上記の基準で解釈することができないことです。

憲法22条２項は、「何人も、外国に移住し、又は国籍を離脱する自由を侵されない。」と規定します。

ここに、国籍とは、日本の国籍の意味ですから、文言説によれば、外国人に日本国籍の離脱の自由を保障することとなり、おかしな話となってしまいます。

《関連事項》**国籍に関して**

外国人とは、日本国民ではない者をいいます。

ここには、無国籍者が含まれます。

したがって、外国人を、外国籍を有する者と定義することはできません。

宿題 3　国籍法は、無国籍者となるために、日本国籍を離脱することを認めていないが、これは憲法に違反しないのか？

宿題の解答▼

宿題 1

外国人の参政権については、次のように考えられます。

1．国会議員選挙の参政権

外国人に、国会議員の選挙権を認めることは、憲法上禁止されている（最判平5.2.26）。

その理由は、日本国の方針は、日本国民の利益のために決定すべきであり、外国人の都合で国政が影響を受けるのであれば、それは日本国が外国の属国となることを意味するからです。

2．地方議会議員選挙の参政権

地方自治体における参政権は、憲法上保障されてはいませんが、憲法はこれを禁止することもありません。

したがって、外国人に地方自治への参政権を付与する立法をすることは、違憲ではありません（最判平7.2.28）。

→現行法上は、外国人には、地方自治への参政権はない。この状態も憲法違反ではない。

宿題 2

外国人も、わが国の公務員になることができます。

地方公共団体の外国人の一般職員がその一例です。

しかし、わが国の統治にかかわる職務、管理的または権力的な職務に就くことはできません。

宿題 3

憲法に違反しません。

無国籍者は、どの国家の庇護を受けることもできないので、非常に弱い立場になります。このため、無国籍者となるために、日本国籍の離脱を認めないことは、本人の人権を保障するためであり、人権侵害になることはありません。

参考判例

地方公務員のうち、公権力の行使に当たる行為を行い、もしくは、重要な施策に関する決定を行い、またはこれに参画する公務員は、国民主権の原理に基づいて、統治のあり方については、日本の統治者である国民が最終的に責任を負うべきであることに照らして、原則として、日本国籍を有する者が就任することが想定されており、わが国以外の国家に帰属し、その国家との間に権利義務を有する外国人が、こうした公務員に就任することは、わが国の法体系の想定するところではない（東京都管理職選考受験資格事件　最大判平17.1.26）。

→東京都による、外国籍を有する地方公務員に管理職となるための選考試験の受験資格を与えなかった措置が、肯定された事案である。

設問 7

外国人に次の権利は、保障されるか？

1．入国の自由

2．出国の自由

3．再入国の自由

1について

保障されません。

これは、国際慣習法です。

→たとえば、国交のない国の国民の入国を制限することなど、当然のように認められる。

2について

外国人に、出国の自由は、保障されます。

これは、外国移住の自由の問題として、とらえることができます（憲法22条2項参照）。

３について

判例によれば、外国人に、再入国の自由は、認められません。

再入国の自由とは、海外旅行の自由のことです。

日本人と結婚し、日本に住所を有する女性が、韓国に旅行をするため、法務大臣に再入国の申請をしたところ、法務大臣がこれを不許可とした事件で、最高裁判所は、法務大臣の不許可処分を裁量の範囲内であるとしました。

つまり、外国人に、再入国の自由は保障されないことになります（森川キャサリーン事件　最判平4.11.16)。

上記の、法務大臣の不許可の理由は、森川キャサリーンという女性が、過去、外国人に義務付けられていた指紋の押捺を拒否していたことにあります。

この点に関しても、判例は、正当な理由なしに、国家権力が指紋の押捺を強制することができないとしつつ、外国人を管理するためという理由は正当な理由に当たり、外国人の指紋押捺の制度は合憲であるとしています（最判平7.12.15)。

設問８

外国人に、日本国に滞在する自由は、認められるか？

滞在とは、入国を継続するという意味になります。

入国の自由は、外国人に認められませんから、滞在の自由も認められていません。

この点に関しては、マクリーン事件が有名です。

この事件では、マクリーン氏がした在留許可の申請を、法務大臣が不許可とした処分が争われました。

判例は、性質説に立ちつつ、外国人の在留の許否は、国の裁量であり、わが国に在留する外国人は、憲法上、わが国に引き続き在留する権利を有しないとしています（最大判昭53.10.4)。

設問 9

法人に、精神的自由は、認められるか？

内面的な精神的自由（思想良心の自由など）は、認めることができませんが、外面的な精神的自由は、認められます。

法人に認められる外面的な精神的自由として、政治活動の自由、宗教法人の信教の自由、学校法人の学問の自由などがあります。

設問10

法人による、次の政治活動は、認められるか？

1．株式会社が、特定の政党に政治献金をすること。

2．税理士会が、特定の政党に政治献金をするために、会員から特別会費を徴収すること。

この設問では、民法34条の趣旨に照らして、政治活動をすることが法人の目的の範囲といえるかどうかという問題が生じます。

民法34条（法人の能力）
法人は、法令の規定に従い、定款その他の基本約款で定められた目的の範囲内において、権利を有し、義務を負う。

1について
認められます（八幡製鉄政治献金事件　最大判昭45.6.24）。
法人には、政治活動の自由があり、特定政党への献金をすることも、会社の目的の範囲に属します。

2について
認められません（南九州税理士会政治献金事件　最判平8.3.19）。
ある政党に、寄附をするかどうかは、選挙における投票の自由と表裏をなすものであり、会員の各自が独自に決定すべきであるというのが、判例の論旨です。

株式会社は任意加入の団体であり、構成員（株主）に脱退の自由があります。

株を売ることにより、自由に脱退できるわけです。

このため、法人と構成員の利害の対立は、先鋭化しません。

しかし、税理士会は強制加入の団体であり、税理士会を脱退すると税理士の業務をすることができないのです。

会費の徴収に反対する構成員が、脱退することができないので、法人と構成員の利害の対立は、抜き差しならない事態に発展します。

このため、判例は、株式会社と税理士会の政治献金の問題について、片方は許容し、他方を認めませんでした。

●展開●　司法書士会について

群馬司法書士会が、阪神大震災に際して、兵庫司法書士会への寄附をするために、会員に負担を求めた事件では、多数決により寄附を求めることの会員の思想・良心の自由に与える影響は軽微であるという理由で、司法書士会による寄附金の徴収が認められました（最判平14.4.25)。

→司法書士会も強制加入団体であるが、政治献金の場合とは、結論が相違することに注意しよう。

設問11

知る権利の、自由権の側面と、社会権の側面を挙げよう。

ある権利に、自由権と社会権の双方の側面がある場合が存在します。

知る権利は、個人がする情報の収集を国家が妨げてはいけないという意味では、自由権（国家の不作為を求める）です。

しかし、国家に対して、その保有する情報の公開を求める権利という意味では、社会権（国家の作為を求める）です。

また、憲法25条の生存権（健康で文化的な最低限度の生活を営む権利）は、社会権の代表的な存在ですが、国家が国民の生存権を侵害する行為をしたときに、その排除を求める権利を国民が有するという意味では、自由権の側面をも有しています。

設問12

株式会社が、女子の定年を、男子のそれよりも低い年齢に定めた場合、その株式会社の行為は、憲法の平等原則に違反するか？

直接的に、憲法の平等原則に違反するとは、いえません。

女子の定年を、男子のそれよりも低い年齢に定めた就業規則を無効とした判例は存在します（日産自動車事件　最判昭56.3.24)。

しかし、無効とした理由は、民法90条の公序良俗違反であり、憲法14条違反ではありません。

一般論として、憲法は、公法であり、国（または地方公共団体）と私人の間の法律関係に適用されます。

私人間の法律関係には、原則として、適用がなく、ただ、民法１条２項の信義則や、90条の公序良俗違反、709条の一般不法行為の規定などを解釈する上で、憲法の精神が斟酌されるにすぎません。

この考え方を、間接適用説といい、間接適用説が判例・通説です。

《関連事項》直接適用説

憲法の人権規定が、私人間にも直接に適用されるという考え方を、直接適用説といいます。

憲法の定立する法原則を、社会生活のあらゆる面において尊重しようという考え方ですが、その反面、私法の分野と公法の分野の区分けが否定され、私的自治の分野が脅かされるという批判がなされます。

宿題４｜　憲法の規定が、例外的に私人間に適用される例を挙げよ。

宿題４の解答▼

憲法の規定が、例外的に私人間に適用される例として、次の場合があります。

１．明文の規定があるもの

・選挙人の選択（憲法15条４項後段）

２．解釈上、私人間にも適用されるもの

・奴隷的拘束および苦役からの自由（憲法18条）

・労働基本権（憲法28条）

◆一問一答◆

問　憲法の規定の私人間適用の問題について、判例は、直接適用説・間接適用説のいずれか？

答　間接適用説である。

参考判例

労働者を雇い入れようとする企業者が、その採否を決定するにあたって、労働者の思想、信条を調査し、そのために、その者からこれに関連する事項についての申告を求めて、思想・信条を理由に雇い入れを拒むことは、違法とはいえない（三菱樹脂事件　最大判昭48.12.12）。

→間接適用説を採用し、思想・信条の自由を定める憲法19条の私人間への直接適用を否定した。企業者の雇用の自由を認めた判例である。

私立大学の政治活動を規制する学則について、憲法の人権保障規定に違反するかどうかを論ずる余地はなく、学則に違反したことを理由とする退学処分は、学長に認められた裁量権の範囲内にあるものとしてその効力を認められる（昭和女子大事件　最判昭49.7.19）。

→この判例も、間接適用説を採用している。学生は、大学の校風や伝統を承知の上で入学したはずだから、その規則に服すべきだという考え方が根底にある。

設問13

公務員の地位や職務の内容を問うことなく、一定の政治的行為を一律に禁止することは、許されるか？

許されます。

猿払事件（最大判昭49.11.6）は、現業の郵便局員が、職務時間外に行った政党候補者のポスターの貼り付け行為などについて、国家公務員法違反の罪に問われた事件です。

同法および規則は、公務員の地位や職務の内容を問うことなく、一定の政治的行為（ポスターの貼り付けなど）を一律に禁止していますが、判例は、この規定を合憲と判断しました。

憲法15条2項が、「すべて公務員は、全体の奉仕者であつて、一部の奉仕者ではない。」と定めていることが、公務員の政治活動を規制する根拠とされています。

行政の中立性とこれに対する国民の信頼を維持するために、公務員が一定の政治的行為（国民の一部にすぎない特定の政党のための行為）を禁止することには、合理的でやむを得ない限度にとどまるものであると、判例は結論づけています。

公務員の政治的活動の禁止という論点は、一般の国民であれば、政治活動を自由にすることができるのに、なぜ、公務員については規制があるのかという点がポイントになっています。

国家権力と一定の関係を有する者については、国家と一般国民との関係とは相違する関係が生じることがあるのです。

同様の論点として、なぜ、在監者（被収容者）の人権に一定の規制がされるのかという問題もあります。

参考判例

公職選挙法違反で未決勾留された者に喫煙を禁じることは、憲法13条に違反しない（喫煙禁止違憲訴訟　最大判昭45.9.16）。
→罪証隠滅や火災発生のおそれがあるため、規制はやむを得ないものと判断した。

未決勾留により拘禁されている者の新聞紙、図書等の閲読の自由を監獄内の規律と秩序の維持のために制限することは、具体的事情のもとにおいて、制限が必要かつ合理的な範囲であれば、憲法13条、19条、21条に違反しない（よど号事件新聞記事抹消事件　最大判昭58.6.22）。

2 基本的人権

Ⅰ　包括的基本権

憲法13条

すべて国民は、個人として尊重される。生命、自由及び幸福追求に対する国民の権利については、公共の福祉に反しない限り、立法その他の国政の上で、最大の尊重を必要とする。

憲法13条の「幸福追求権」は、個別の人権規定が置かれていない、新しい人権の根拠規定となります。

憲法14条以下の、個別の規定は、個人の尊厳から生じる歴史的に重要な人権を、例示として列挙したものにすぎないと解されています。

新しい人権として認められるためには、それが個人の人格的生存に**不可欠**の利益であることを要します。
→不可欠性の要件を満たさなければ、人権とはいえない。人権の安売りはしないという趣旨である。

①　プライバシー権

プライバシー権は、「私生活をみだりに公開されない権利」と定義されます。

判例が認めた、新しい人権の１つです。

これは、プライバシー権の自由権的側面であり、１人で放っておいてもらう権利です。

学説上は、プライバシー権は、「個人の道徳的自律の存在に直接かかわる自己に関する情報をコントロールする権利」という意味を含むと解されています。

→「個人の道徳的自律の存在に直接かかわる」という部分が、歯止めであり、自己に関する情報のすべてをコントロールできるというわけではない。

これは、プライバシー権の社会権的側面であり、公権力に対して、自己に関する情報の閲覧や訂正を求める権利という意味をもちます。

参考判例

弁護士法の規定に基づき、前科、犯罪経歴の照会を受けた政令指定都市の区長が、照会文書中に照会を必要とする事由として「中央労働委員会、京都地方裁判所に提出するため」との記載があったにすぎないのに、漫然と照会に応じて前科及び犯罪経歴のすべてを報告することは、過失による違法な公権力の行使にあたる（京都弁護士会前科照会事件　最判昭56.4.14）。

→前科、犯罪経歴等をみだりに公開されないという、法律上の利益を認めた判例である。弁護士の照会は「知る権利」の社会権的側面に当たるが、これよりも憲法13条を根拠とする自由権としてのプライバシー権を優先させたことになる。

→一般論として、自由権は、人権の根源であり、社会権に比べるとその価値が高い。

設問１

名誉権と表現の自由について、判例は、いずれを優先する考え方であるか？

等価値であると考えます。

名誉権は、個人の尊厳に直結します。

また、表現の自由は、投票箱と民主政の過程を保障するための重大な人権です。

このため、両者は、等価値であり、この両者の利益がぶつかる事件では、その時々の状況に応じて個々に利益衡量をすべきことになります。

《関連事項》投票箱と民主政の過程とは？

表現の自由が保障されることにより、政府のする政治活動についての賛否両論の論評が可能となり、これにより選挙民が投票態度を決める民主政の過程をいいます。

言論統制がされると、選挙民の判断がゆがめられる結果となるので、表現の自由は、経済的自由などに比べて優越的な地位が与えられます。

投票箱と民主政の過程が保障されれば、不都合な経済政策をした政党を選挙により退場させることができますが、いったん、投票箱と民主政の過程が侵害されると修復が困難となるのです。

参考判例

名誉権に基づく出版の差止請求は、その表現内容が真実でなく、またはそれが公益を図る目的のものでないことが明白であって、被害者が重大で著しく回復困難な損害を被るおそれがあるときは、例外的に、認めることができる（北方ジャーナル差止請求事件　最大判昭61.6.11）。

→事前抑制禁止の法理から、出版物の差止めは原則として認められないとしつつ、一定の要件の下に名誉権に基づく差止めを認めたケース。

→「その表現内容が真実でなく、またはそれが公益を図る目的のものでないことが明白であって」という部分について、学説上の批判がなされている。たとえ真実であっても、裁判所が、公益を図る目的のものでないことが明白だと認定すれば、出版の差止めができることになるためである。

■用語解説■　事前抑制禁止の法理

ある表現行為がされる前に、公権力が何らかの方法でこれを抑制することをいう。事の性質上、国民が抑制についての賛否を論評することができず、公権力による一方的な情報の操作につながりやすいため、表現行為の事前抑制は原則として禁止される。

宿題 1 裁判所による出版の差止めは、憲法21条２項が禁じる「検閲」には当たらないのだろうか？

参考判例

ある者の前科等にかかわる事実が著作物で実名を使用して公表された場合に、その前科等にかかわる事実を公表されない法的利益がこれを公表する理由に優越するときは、その者は、その公表によって被った精神的苦痛の賠償を求めることができる（ノンフィクション「逆転」事件　最判平6.2.8)。

→この判例も、プライバシー権と表現の自由が対立した事案である。

→実名を使用された者が、公的立場にある者ではないため、実名を使用する正当性が認められなかった。

宿題 1 の解答▼

「検閲」には当たりません。

判例によれば、検閲は、「行政権が主体となって、一定の表現物について、事前に網羅的一般的に審査をして、不適当と認めるものの発表を禁じること」です。

裁判所は、行政権に属しないので、裁判所による事前差止めは、検閲の問題にはならず、事前抑制禁止の法理の問題となります。

参考判例

住民基本台帳ネットワークシステムにより行政機関が住民の本人確認情報を収集、管理または利用する行為は、その内容が個人の内面に関わる秘匿性の高い情報とはいえないから、その住民がこれに同意していないとしても、憲法13条の保障する個人に関する情報をみだりに第三者に開示または公表されない自由を侵害しない（最判平20.3.6)。

②　肖像権

肖像権とは、承諾なしに、みだりにその容貌を撮影されない自由をいいます。

判例は、実質的に、肖像権を認めており、国家機関が、正当な理由がないのに、私人の容貌を撮影することは禁じられます。

設問2

犯罪捜査に際して、どういうときであれば、捜査機関がする写真の撮影に正当な理由が認められるのか？

判例によれば、次の要件を満たすときに、正当な理由が認められます（京都市公安条例違反デモ事件　最大判昭44.12.24）。

1．現に犯罪が行われ、もしくは行われて間もない場合
2．証拠保全の緊急性と必要性があること
3．撮影の方法が相当であること

《関連事項》オービスによる速度違反の取締り

自動速度監視装置による速度違反車両の運転手や同乗者の容貌の撮影を伴う取締り方法は、合憲とされています（最判昭61.2.14）。

上記、3つの要件をいずれも満たすと考えられたためです。

③　その他の新しい人権

設問3

次の権利は、判例により、新しい人権として認められているか？

1．環境権

2．平和的生存権

1について

認められていません。

環境権は、学説上、環境を支配し良い環境を享受する権利と定義されますが、判例はこれを認めず、公害の差止請求訴訟を個々の住民の人格権や財産権の保護の問題であるとしています。

2について
認められません。

平和的生存権は、「平和を享受する権利」と定義されます。
しかし、判例は、平和的生存権は、具体的な権利ではないとして、裁判規範性が否定されています。
一般に、平和的生存権は、憲法の前文に「われらは、全世界の国民が、ひとしく恐怖と欠乏から免かれ、平和のうちに生存する権利を有する。」とあることを根拠としますが、憲法前文は、その内容が抽象的にすぎており、裁判所が具体的な事件について適用すべき法規には当たらないと考えられます。

◆一問一答◆

問 裁判規範とは、何か？

答 その規定に基づいて裁判をすることができるときに、当該規定を裁判規範という。

宿題2 | 憲法前文には、法規範性はあるか？

宿題2の解答▼

憲法前文に法規範性を認めるのが、通説です。
これは、憲法前文を変更するためには、憲法改正の手続を要するということを意味します。

参考判例（憲法13条関連）

酒税法は、国の重要な財政収入である酒税の徴収を確保するために、製造目的のいかんを問わず、酒類の製造を一律に免許の対象として、免許を受けずに酒類を製造した者を処罰の対象としたものであり、これによって自己消費を目的とする酒類製造の自由が制約されても、その規制が立法府の裁量を逸脱し、著しく不合理であることが明白であるとはいえず、憲法13条に違反するものではない（どぶろく裁判　最判平1.12.14）。

外国人登録法が、外国人に外国人登録原票に登録した事項の確認の申請を義務づける制度を設けたことは、原票登録事項の正確性を維持、確保することによって、在留外国人の居住、身分関係を明確にしその公正な管理に資するという行政目的を達成するためであり、その目的には十分な合理性があり、この制度によって職業や勤務先などの確認を求められることとなっても、憲法13条に違反しない（最判平9.11.17）。

Ⅱ　法の下の平等

憲法14条

1項　すべて国民は、法の下に平等であつて、人種、信条、性別、社会的身分又は門地により、政治的、経済的又は社会的関係において、差別されない。

設問1

旧民法には、非嫡出子の相続分を嫡出子の2分の1とする規定があった。さて、この規定は何のために存在したのか。また、最高裁判所がこの規定を憲法違反であるとした理由は何か？

非嫡出子の相続分を嫡出子の2分の1とする規定は、法律婚の尊重を錦の御旗としていた。つまり、民法は法律婚（婚姻届を出した夫婦関係）のみを規定し、いわゆる内縁については一言も述べていない。これがこの規定の存在理由であった。

しかし、判例（最大決平25.9.4）は、父母が婚姻関係になかったという、子にとって自ら選択できない事を理由にその子に不利益を及ぼすことはできないとして、この規定は憲法に違反するものであると判示した。

宿　題　憲法14条の法の下の平等の「平等」について。
1．平等とは、絶対的平等、相対的平等のいずれを意味するか？
2．平等とは、機会の平等、結果の平等のいずれを意味するか？

設問 2

憲法14条の法の下の平等は、制度であるか。人権であるか？

制度でもあり、人権でもあるという考え方が通説です。

すべての人間はその人格的価値において等しいという理念に基づいて、法律上の取扱いを等しくしなければならないという法原則でもあり、また、個人が平等に取り扱うことを求めるという人権でもあります。

宿題の解答▼

1．相対的平等を意味すると考えられます。

相対的平等とは、事実上の差異や格差による異なる取扱いを許容する考え方です。

たとえば、低所得者のためだけの政策や、幼児のための手当て、女子のみに対する労働条件の優遇などがあります。

2．機会の平等を意味すると考えられます。

個人の努力への正当な評価は、自由主義の本質だからです。

結果の平等を求めると、国家権力の国民生活への徹底した介入を招くこととなります。

なお、累進課税などの所得再分配政策は、実質的平等のために許容されますが、その程度がすぎると結果の平等観につながることになります。

設問3

憲法14条の法の下の平等は、法適用の平等のみを定めた規定であるのか？

法適用の他、法内容の平等も定めたものであります。

「法の下」の平等が、行政権、司法権が法適用をする際の平等原則であることは争いがありません。

しかし、法の内容そのものに不平等があれば、憲法の平等の要請が達せられないため、憲法14条は、法の内容を決定する立法者をも拘束する原理であると考えるのが通説です。

設問4

憲法14条が列挙する5つの事由を除く理由によって、差別をすることは許されるか？

許されません。

判例は、憲法14条の「人種、信条、性別、社会的身分又は門地」の5つの列挙事由は、単なる例示であると解しています。

●展開●　特別意味説

5つの列挙事由に特別の意味をもたせる学説もあります。

これが、特別意味説です。

特別意味説でも、5つの事由以外の理由による差別は許されません。

しかし、5つの事由は、単なる例示ではなく、とくに重要な意味があり、これについての合憲性の判定基準が厳しくなると解しています。

設問 5

かつて、刑法には、尊属殺について法定刑を重くする立法（死刑または無期懲役）がされていた。現在、その規定は、刑法典から削除されているが、削除のきっかけとなった尊属殺重罰規定を違憲とする判決で、同規定が違憲とされた理由は、次のうちどちらか？

1．尊属殺を重く処罰すること自体が、日本国憲法の平等観に違反する。

2．尊属殺を重く処罰すること自体は合理的だが、処罰規定が重すぎるため、一般の殺人罪に比べて差別的な取扱いとなる。

答えは、2です。

1は、同判例（最大判昭48.4.4）の少数意見です。

設問 6

選挙権の平等は、1人1票ということだけを意味するのか。それとも、投票価値の平等をも意味するのか？

選挙人の投票の価値の平等も、憲法の要求するものであるといえます（最大判昭51.4.14）。

したがって、選挙区割と議員定数の配分の下における選挙人の投票価値の不平等は、憲法14条違反の問題を生じます。

設問 7

1票の価値の平等は、衆議院議員選挙、参議院議員選挙の双方のうちいずれにおいて、より重視されるか？

衆議院議員選挙です。

判例は、およそのところ、衆議院議員選挙では1票の価値が1対3、参議院議員選挙では1対6を超えたときに、違憲の程度になると判断しています。

→なお、最近、相次いで、衆議院議員選挙の1対2を超える状態を違憲とする高等裁判所の判決がされており、最高裁判所の判例が変更される可能性が生じている。

参議院は、地域代表の意味合いが強いため、人口比例主義を一歩後退することは合理性を欠くものではないと解されています。

設問8

1票の価値の不平等が、違憲の程度にあるとき、これに基づいてなされた選挙は、直ちに違憲であるといえるか？

直ちに違憲であるとは、いえません。

判例は、違憲の程度に達してから、合理的な期間内に是正されなかったときに、違憲であると解しています（最大判昭51.4.14）。

→人口動態は日々変動するし、選挙区割や議員定数の変更は、一朝一夕にはできないので、立法府に時間的な猶予を与えたものである。

設問9

1票の価値の不平等が合理性を欠く状態に達してから、合理的な期間内に是正されなかったときは、その選挙は無効とされるか？

無効とはされません。

仮に、無効とすれば、選挙区割の全部に影響が及び、その選挙により選出された議員のすべてが、議員資格を有しないこととなり、議員の議決により成立した法律の効力に問題が生じるなど、影響が大きすぎるためです。

このため、判決では、選挙が違法である旨を主文において宣言するものの、選挙の無効の訴えは棄却します。

→事情判決の法理（行政事件訴訟法31条１項）を借用したものである。

設問10

旧所得税法において、事業所得者において認められる必要経費の実額控除が、給与所得者において認められないことは、憲法14条に違反するか？

違反しないというのが、裁判所の結論です（サラリーマン税金訴訟　最大判昭60.3.27）。

→なお、必要経費の控除を認めないということは、経費の部分に対しても所得があるものとして課税されることを意味する。手元にカネは存在しないのに課税されるというダブルパンチになる。

以下が、その判旨です。

「租税法の分野における所得の性質の違いなどを理由とする取扱いの区別は、その立法目的が正当なものであり、かつ、その立法において具体的に採用された区別の態様が、立法目的との関連で著しく不合理であることが明らかでない限り、憲法14条1項に違反しない。」

→最高裁判所は、明白性の原則を採用した。非常に広い裁量の余地を、徴税機関に与えたことになる。

■用語解説■　明白性の原則

ある法律が、著しく不合理であることが明白でなければ、違憲とはいえないという考え方である。

「著しく不合理であることが明白」であるということは、めったにない事態だから、裁判所は国家機関の味方をしたことになる。

参考判例

地方公共団体が売春の取締りについて各別に条例を制定した結果として、その取扱いに差別を生ずることがあっても、憲法14条に違反しない（最大判昭33.10.15）。

→条例制定権は、憲法が認めたものであり、地方公共団体ごとの取扱いの相違は、憲法自身が容認する事態であるといえる。

国籍法3条1項が、日本国民である父と日本国民でない母との間に出生した後に父から認知された子について、父母の婚姻によって嫡出子の身分を取得した場合に限って日本国籍の取得を認めていることにより、国籍の取得に関する区別を生じさせていることは、憲法14条1項に違反する（最大判平20.6.4）。

無拠出制の年金の受給に関して、20歳以上の学生と、20歳前の障害者の間

に差異が生じても、両者の取扱いの区別が、合理性のない不当な区別であるということはできない（最判平19.9.28）。

女性にのみ６か月の再婚禁止期間を設けた旧民法733条の規定は、その期間の100日を超える部分について憲法14条に違反する（最大判平27.12.16）。
→その後、親子法制の改正に伴い、民法733条は削除となっている。

Ⅲ　精神的自由権

精神的自由権は、一般論として、人権としての高い価値があります。
人間の尊厳に、直接かかわる自由権です。

精神的自由権には、思想・信条の自由（憲法19条）を代表とする内面的精神活動の自由と、表現の自由（憲法21条）を代表とする外面的精神活動の自由があります。

このうち、内面的精神活動の自由に関しては、公共の福祉による制約はありえないと解されています。
たとえば、憲法を否定する思想も、それが、内面的精神活動であれば、憲法に違反するものではありません。

これに対して、外面的精神活動の自由は、表現行為等の行動を伴うため、他者の人権との兼ね合いで制限が生じることがあります。
表現の自由とプライバシー権や、名誉権との対立は、その典型例となります。

①　思想および良心の自由

憲法19条
思想及び良心の自由は、これを侵してはならない。

設問1

名誉毀損の民事事件において、裁判所が、敗訴した被告に対して、新聞紙上に謝罪広告を掲載することを命じるのは、思想・良心の自由の侵害に当たるか？

単に事態の真相を告白し、陳謝の意を表明するにとどまる程度のものであれば、思想・良心の自由の侵害に当たりません（最大判昭31.7.4）。

公表事実が、虚偽かつ不当であったことを発表することを求めることは、倫理的な意思、良心の自由を侵害しないものと考えられます。

判例は、思想・良心の範囲を明確に判断をしていませんが、学説上は、思想および良心の自由を、信仰に準ずる世界観、主義、思想、主張を全人格的にもつことに限定してとらえる見方がされています（限定説）。

この考え方からは、単に、虚偽かつ不当であることを発表する程度のことは、思想・良心の自由に含まれないものと解されるでしょう。

宿題1　設問1において、裁判所は、民法第何条を根拠にして、謝罪広告を命じたのか？

参考判例

内申書の記載は、生徒の信条そのものを記載したものではないことが明らかであり、記載された外部的な行為によって生徒の思想信条を了知することができず、生徒の思想信条自体を高校の入学試験の資料に供したものとは到底いえないため、憲法19条に違反しない（麹町中学内申書事件　最判昭63.7.15）。

→内申書に、生徒がした学生運動の詳細が記載されており、その生徒は高校入試において公立高校から入学を拒否されたが、内申書の記載からは、高校の先生は、生徒の思想信条を知ることができなかったはずだという判例である。

宿題1の解答▼

民法723条です。謝罪広告の掲載は、同条の「名誉を回復するのに適当な処分」に当たります。

損害の賠償は、金銭賠償によることを原則としますが（民法722条1項、417条)、同条は、その例外規定に当たります。

参考判例

入学式の国家斉唱の際に、音楽教諭にピアノの伴奏を求めることを内容とする職務命令は、その者の思想・良心の自由を侵害しない（日野市立南平小学校事件　最判平19.2.27)。

思想・良心の自由は、沈黙の自由という要素を含みます。

これは、自己の思想および良心の表明を強制されない自由です。

以下は、沈黙の自由が問題となった事案で、思想・良心の自由の侵害は認められないとされた判例です。

参考判例

最高裁判所裁判官の国民審査は、積極的に罷免を可とする者が多いかどうかを投票により定める制度であるため、積極的に罷免を可とする意思を有しない者の投票について、罷免を可としない効果を発生させても、その者の意思に反する効果を発生させることはなく、思想・良心の自由を侵害しない（最判昭38.9.5)。

→国民審査は、リコール制度であるから、罷免を可とする意思のない者に、棄権の自由を認める必要はないという趣旨の判例である。

②　信教の自由・政教分離

憲法20条

1項　信教の自由は、何人に対してもこれを保障する。いかなる宗教団体も、国から特権を受け、又は政治上の権力を行使してはならない。

2項　何人も、宗教上の行為、祝典、儀式又は行事に参加することを強制されない。

3項　国及びその機関は、宗教教育その他いかなる宗教的活動もしてはならない。

信教の自由は、内心における信仰の自由、宗教的行為の自由、宗教的結社の自由の3つを内容とします。

このうち、内心における信仰の自由は、内面的精神活動の自由に含まれるため、その保障は絶対的です。

他の2つは、外面的精神活動の自由に含まれます。

参考判例

精神障害者の平癒を祈願するために宗教行為として加持祈祷行為がなされた場合でも、それが他人の生命、身体等に危害を及ぼす違法な有形力の行使に当るものであり、これによって被害者を死に致したものであるときは、憲法第20条1項の信教の自由の保障の限界を逸脱したものであり、傷害致死罪が成立する（最大判昭38.5.15）。

宿題2　刑法の問題として考えた場合、上記の判例の宗教者は、いかなる主張をすることにより傷害致死罪の罪責を免れようとしたものと考えられるか？

設問2

殉職した自衛官を、退職した自衛官の組織が護国神社に合祀申請をした。

妻が、キリスト教の信者であり、合祀に反対していた場合でも、判例は、合祀申請の取消しを認めなかった。

その理由は、何か？

設問は、殉職自衛官合祀事件（最大判昭63.6.1）が題材です。

妻は、「静謐な宗教的環境のもとで信仰生活を送るべき利益」、つまり、殉職自衛官の組織に信仰の邪魔をされない自由を主張しましたが、裁判所は、これを認めませんでした。

その理由は、殉職自衛官の組織の側にも、信仰の自由があるはずだから、妻はこれを邪魔してはいけないというものです。

→自分の主張が、ブーメラン現象で自分自身に舞い戻ってしまった事案である。

宿題2の解答▼

刑法35条の正当な業務による行為として、違法性が阻却されると主張したものと考えられる。

参考判例

大量殺人を目的として計画的、組織的にサリンを生成した宗教法人について、宗教法人法に基づいてされた解散命令は、もっぱら宗教法人の世俗的側面を対象としているため、憲法20条1項に違反しない（オウム真理教解散命令事件　最決平8.1.30）。

→法人格のない宗教団体としての、信教の自由を侵害していないので、憲法に違反しないという趣旨である。

市立高等専門学校の校長が、信仰上の理由により剣道の実技の履修を拒否した学生に対して、必修である体育科目の修得認定を受けられないことを理由として原級留置処分および退学処分をした場合、その学生が、信仰の核心

部分と密接に関連する真摯な理由から履修を拒否したものであったときは、学校側が、レポート提出などの代替措置につき何ら検討することもなかったという事情の下においては、学校のした処分は、社会観念上著しく妥当を欠き、裁量権の範囲を超える違法なものというべきである（エホバの証人剣道実技拒否事件　最判平8.3.8）。

→学校側のかたくなな態度は、学生の信教の自由を侵害したことになる。

内閣総理大臣の地位にある者が靖國神社に参拝した行為によって、個人の心情ないし宗教上の感情が害されたとしても、これを侵害利益として、直ちに損害賠償を求めることはできない（最判平18.6.23）。

宿題３　上記の判例（エホバの証人剣道実技拒否事件）の事案において、学校が、学生のためにレポート提出などの代替措置をとった場合、特定の宗教の信者に対する特別な措置として、政教分離原則に反するという問題点が生じることはないか？

設問３

政教分離の原則とは何か？
また、それ自体が、人権保障の規定であるといえるか？

政教分離とは、国家の非宗教性ないし、中立性をいいます（最大判昭52.7.13）。

政教分離の原則は、信教の自由を保障するための**制度的保障**であり、それ自体は、人権ではありません。

政治と宗教を分離するという制度を保障することにより、間接的に、信教の自由を保障するものです。

したがって、人権である信教の自由を侵害しない限度においては、国家と宗教がかかわりあいをもつことは可能であると解されます。

設問4

国家と宗教の結びつきは、どういう場合には認めることができ、どういう場合には認められないのだろうか？

判例は、国家の行為が、次の2つの要件の双方を満たすときには、政教分離原則に違反することになるとしています（津市地鎮祭判決　最大判昭52.7.13)。

1．行為の目的が宗教的意義をもつこと
2．その効果が、宗教に対する援助・助長・促進または圧迫・干渉等となる

以上の合憲性判定の基準を、目的効果基準といいます。

宿題3の解答▼

ないと考えてよいでしょう。
特定の宗教を助長する措置とまでは、いえません。

設問5

地方公共団体による次の行為は、目的効果基準に照らして、政教分離原則に違反するといえるだろうか？

1．知事が、神社の参拝のために、公金から玉串料を奉納する行為。
2．知事が、天皇の即位のための大嘗祭に参列すること。
3．遺族会が管理する忠魂碑の移設のために、市がその敷地を無償で貸与したこと。
4．町内会の申出により、市が、地蔵像の設置のために、その敷地を無償で貸与したこと。
5．市が、神式の地鎮祭を挙行したこと。

判例により、違憲とされた行為は、1のみです。

1について

玉串料の奉納は、宗教的意義を有し（目的）、県が特定の宗教団体を特別に支援した（効果）ことになるため、憲法20条3項に違反します（愛媛県玉串料訴訟　最大判平9.4.2）。

2について

大嘗祭は、社会的儀礼であり、宗教的意義を有しません（鹿児島大嘗祭訴訟　最判平14.7.11）。

3について

忠魂碑は、記念碑であり、宗教的意義が希薄です（箕面忠魂碑訴訟　最判平5.2.16）。

4について

地蔵信仰は、地域住民の習俗であり、宗教的意義が希薄です（大阪市地蔵訴訟　最判平4.11.16）

5について

地鎮祭は、宗教とのかかわりはあるが、その目的は世俗的であり、その効果は、神道を援助、促進しまたは他の宗教に圧迫、干渉を加えるものではありません（津市地鎮祭訴訟　最大判昭52.7.13）。

政教分離に関しては、平成22年にも、注目すべき最高裁判決が出ています（最大判平22.1.20）。

この判例は、目的効果基準とは別の物差しを用いて政教分離の問題についての合憲・違憲の判断をするものです。

事案は、砂川市が連合町内会に対して、市有地を無償で建物（地域の集会場等であるが、その内部に祠が設置され、外壁に神社の表示が設けられている。）、鳥居、神宮の敷地としての利用に供したというものです。

この事案で、判例は、上記の行為は、一般人の目から見て、市が特定の宗教に対して特別の便益を提供し、これを援助していると評価されてもやむを得ないものであり、憲法89条・21条1項後段に違反すると判示しました。

この判例は、「一般人の目から見て、どのように評価されるか」という点を違憲性の判定基準としたものです。

参考判例

市長が、市の管理する都市公園内の国公有地上に孔子等を祀った施設（以下、本件施設）を所有する一般社団法人に対し、本件施設の敷地の使用料の全額を免除した行為は、市と宗教との関わり合いが、我が国の社会的、文化的諸条件に照らし、信教の自由の保障の確保という制度の根本目的との関係で相当とされる限度を超えるものとして、憲法20条3項の禁止する宗教的活動に該当すると解するのが相当である（孔子廟訴訟事件　最判令3.2.24）。

→本件施設は、観光資源等としての意義や歴史的価値を有するものではあるが、市の行為は、一般人の目から見て、市が特定の宗教に対して特別の便益を提供し、これを援助していると評価されてもやむを得ないものとして憲法20条3項に違反するとした判例である。

設問6

憲法89条は、公金を公の支配に属しない教育の事業に対して、これを支出してはならないという趣旨を規定している。

では、なぜ、国家は、私立大学に助成金を支出することができるのだろうか？

私立大学は、公の支配に属するからです。

この点については、公の支配の意味を緩やかに解して、支出された公費について、報告を求め、勧告をする権限を有する程度の監督でも、憲法89条の公の支配に当たるとする考え方が通説です（緩和説）。

大学側に、広い自主性が認められるときでも、公の支配に属するといえるという考え方です。

→反対説（厳格説）は、現行の私立学校振興助成法の規定する程度の監督では、公の支配とはいえず、したがって、私学への助成金の交付は違憲であるとする。

なお、緩和説は、憲法89条の制度の趣旨は、ある程度の監督をしなければ財政支出をしてはならないという、公費の濫用の防止に主眼があるものと考えています。
→公費の濫用がなければ、広く支出を認めてもよいという考え方に結びつく。

憲法89条
公金その他の公の財産は、宗教上の組織若しくは団体の使用、便益若しくは維持のため、又は公の支配に属しない慈善、教育若しくは博愛の事業に対し、これを支出し、又はその利用に供してはならない。

設問 7
宗教系の大学に助成金を交付することは、特定の宗教を援助・助長・促進することにならないのか？

教育の機会均等という、宗教とは関係のない目的による支出であるから、政教分離の原則に違反することはありません。

一般の国民や団体に対する公費の支出が、たまたま宗教団体に及ぶだけであり、逆に、宗教団体にだけ支出をしなければ、そのことが、特定の宗教について圧迫を加えたことになりかねないと考えられています。

③　学問の自由

憲法23条
学問の自由は、これを保障する。

学問とは、審理の探求を目指して行われ、思想を体系的な知識として形成する活動をいいます。

学問の自由は、次の3つを内容とします。

1．学問研究の自由

真理の探究を目的とする研究活動の自由をいいます。内心にとどまる限り、絶対的な保障を受けます。

2．研究発表の自由

表現の自由（憲法21条）の一部と考えられます。

3．教授の自由

研究発表の自由とは、別の表現行為とされています。

設問8

教授の自由は、大学における教授の自由のみを意味するのだろうか？

教授の自由は、大学における教授の自由のみを意味するという見解もあります。

しかし、判例は、初等、中等の教育機関においても、一定の範囲で教授の自由を認める傾向にあります（最大判昭51.5.21）。

なお、初等、中等の教育機関では、教授の自由について、次のような制約を生じます。

1．全国において、同一水準の教育内容を確保すべきであると考えられること。

2．生徒の側に、十分な批判能力がないため、一方に偏った教授の自由を認めるべきでないこと。

設問9

大学の自治とは、何か？

学問の自由を保障するために、憲法23条が、制度的保障として、大学の自治をも保障したものと考えられます。

大学が、外部の勢力の干渉を受けたときには、学問の自由が侵害されることになるためです。

設問10

学生は、大学の自治の主体であるか？

学生は、大学の自治の主体ではなく、大学という営造物の利用者であるにすぎないと考えられます（判例・通説）。

したがって、大学の自治の主体は、教授や准教授です。

たとえば、大学内部での学長や教授などの研究者の人事については、大学の自主的な判断によるべきであり、この点について文部科学省が干渉することは、大学の自治を侵害することになります。

大学の自治は、以上に述べた人事の面のほかに、大学の施設の管理についての自主権をも含みます。

参考判例

学生の集会が、実社会の政治的活動に当たるときは、その集会について大学の許可があったとしても大学の有する学問の自由と自治を享受することはできず、その集会に警察官が立ち入ったとしても、大学の自治を侵害するものではない（ポポロ事件　最大判昭38.5.22）。

■解説

大学の自治においては、大学の内部の秩序の維持は、大学が自らの管理責任で行うべきであり、いまだ犯罪行為が行われていないときは、大学の要請や了解がなければ、警察権を発動して公安、捜査の権限を行使することはできないと考えられます。

ポポロ事件は、上記の要請や了解がないのに、警察権が大学内部で公安活動を行っていたものですが、判例は、上記のように学生の政治活動に対する警察活動は、学問の自由や大学の自治とは関係がなく、大学の了解がなくてもすることができるという考え方をとりました。

④　表現の自由

憲法21条
1項　集会、結社及び言論、出版その他一切の表現の自由は、これを保障する。
2項　検閲は、これをしてはならない。通信の秘密は、これを侵してはならない。

表現の自由は、外面的精神活動の自由に含まれます。

個人の自己実現（言いたいことが言える）、国民の自己統治（投票箱と民主政の過程の保障）のための、重要な人権です。

設問11

内容規制、内容中立規制とは、何を意味するか？

内容規制、内容中立規制の区別は、学説（二重の基準論）が、採用する表現の自由の規制に関する区分です。

→判例理論ではない。

内容規制は、表現の**内容**に対する規制です。

たとえば、特定の思想の発表を禁じるといった規制を意味します。

学説は、内容規制についての、合憲性の判定基準については、厳格な基準によるべきだとしています。

→明白かつ現在の危険の基準による。これは、明白かつ現在の危険を防止するためでなければ、規制をしてはいけないという基準である。

→なお、わいせつ表現の規制に関しては、学説上も、明白かつ現在の危険の基準の採用は一般的でない。

内容中立規制は、表現の**方法**の規制です。

たとえば、電柱にビラを貼り付けてはいけないといった規制です。

他の表現方法は、認められるので、いくぶんゆるやかな基準によって、合憲性の判断をすることができるといわれています。

→LRAの基準による。より制限的でない他のとりうる手段があるときには、規制は、することができないという基準である。

参考判例

自衛官が、その制服や官職を利用して、国の政策を公然と批判し、自衛隊を公然と誹謗中傷する行為を懲戒処分の対象とすることは、国民全体の利益を守るために、必要かつ合理的な措置であり、憲法21条に違反しない（最判平7.7.6）。

政見放送において身体障害者に対する差別用語を使用した発言部分が公職選挙法に違反するときに、その部分がそのまま放送されなかったとしても、不法行為法上の法的利益の侵害があったとはいえない（最判平2.4.17）。

裁判官の独立および中立・公正を確保し、裁判における国民の信頼を維持するとともに、三権分立における司法と立法、行政とのあるべき関係を規律するという立法目的のために、裁判官が積極的に政治活動をすることを禁じることは、憲法21条に違反しない（寺西判事補分限裁判　最大決平10.12.1）。

著作が、わいせつ文書に当たるかどうかは、事実認定の問題ではなく、裁判所が法解釈の問題として社会通念を基準として判断すべきものであり、文学作品として芸術性を有するとされる文書についても、わいせつ性は別の概念であるから、両者が両立しないとはいえない（チャタレー事件　最大判昭32.3.13）。

→刑法175条のわいせつ文書頒布罪の成立を認めた。

宿題4　数度にわたり、わいせつ文書を頒布したときは、数個のわいせつ文書頒布罪が成立するか？

参考判例

戸別訪問は、買収や利害誘導等の温床になりやすく、選挙人の生活の平穏を害するほか、投票も情実に支配されやすくなるなどの弊害を生じるため、その弊害を防止することを目的とし、選挙の自由と公正を確保するために、公職選挙法が、戸別訪問を一律に禁止することは、憲法に違反しない（最判昭56.6.15）。

みだりに他人の家屋その他の工作物に貼札をすることを禁じることは、公共の福祉のために表現の自由に対して許される必要かつ合理的な規制である（最大判昭45.6.17）。

美観風致の維持、公衆に対する危害の防止のために、電柱などへのビラ貼りを禁止した条例は、憲法21条に違反しない（最大判昭43.12.18）。

各室の玄関ドアの新聞受けに、政治的意見を記載したビラを投かんする目的で、職員及びその家族が居住する公務員宿舎である集合住宅の共用部分及び敷地に，その宿舎の管理権者の意思に反して立ち入った行為を住居侵入罪に問うことは、憲法21条１項に違反しない（最判平20.4.11）。

宿題４の解答▼

一罪のみが成立します。

わいせつ文書頒布罪の構成要件は、もともと、頒布行為の反復継続を予定しているからです。

設問12

税関による、輸入禁制品（公安または風俗を害すべき書籍・図画）の検査は、検閲に当たるか？

憲法21条
2項　検閲は、これをしてはならない。通信の秘密は、これを侵してはならない。

判例は、検閲の主体を行政権であるとしています。

税関は、行政機関であるため、検閲に当たる可能性が生じます。

しかし、判例は、次の理由で、輸入禁制品の検査は検閲には当たらないものとしています（最大判昭59.12.12）。

1．検査は、関税徴収手続に付随して行われており、思想内容を網羅的一般的に審査するものではない。
2．それらの表現物は、すでに国外で発表されているから、税関の行為は事前規制そのものとはいえない。

設問13
教科書検定の制度は、検閲に当たるのではないか？

検閲には当たりません。

一般図書としての出版を禁じるものではないためです（最判平5.3.16）。

《関連事項》検閲に関する学説

検閲について、次の点に、学説上の対立があります。

1．検閲の主体
　①　公権力
　　検閲の主体を公権力であるとすれば、裁判所による出版の差止めが検閲に当たる可能性が生じます。
　②　行政権
　　行政権が検閲の主体であるとすれば、裁判所の行為が検閲に当たる可能性は生じません。
2．審査の対象
　①　思想の内容

検閲の対象が、思想の内容であるとすれば、エロ本は検閲の対象ではないことになります。

→検閲の対象を狭くとる説。

② 表現行為

検閲の対象が、表現行為一般であるとすれば、エロ本のほか、デモ行進への規制も、検閲に当たる可能性が生じます。

設問14

憲法上、次の権利は、表現の自由として保障されているか？

1．知る権利

2．報道の自由

3．取材の自由

1について

知る権利は、表現の自由に含まれます（通説）。

事実を知ることができなければ、表現行為をすることも不可能となるためです。

なお、知る権利には、自由権のほか、社会権、参政権の意味合いもあります。

2について

報道の自由は、表現の自由に含まれます（博多駅ＴＶフィルム提出事件最大決昭44.11.26）。

したがって、基本的人権です。

報道の自由は、国民の知る権利に奉仕するものだからです。

3について

判例は、**取材の自由**は、憲法21条の精神に照らして、十分尊重するに値するとは言っています（最大決昭44.11.26）。

しかし、取材の自由が、報道の自由に含まれるとは言っていません。

したがって、取材の自由が、基本的人権であるとは断定できません。

→学説上は、取材の自由は、憲法21条により保障されるという説が通説である。

《関連事項》取材源の秘匿

取材の自由の問題は、記者の取材源の秘匿が許されるかという点で表面化します。

オフレコで聞いた話について、その取材源を明かしてはならないのは、記者などの報道機関の基本的な倫理であります。

国家機関が、その取材源を明かすことを強制することは、この倫理観に反し、また、将来の取材活動を困難ならしめる可能性（誰も取材に応じてくれなくなる）が生じます。

参考判例

取材の自由も、憲法上の要請があるときは、ある程度の制約を受けるのであり、公正な刑事裁判を実現するために、取材の自由を制約されることが許されるかどうかは、そのための必要性と、取材の自由が妨げられる程度を比較衡量して決すべきであり、報道機関の不利益が必要な限度を超えないよう配慮されなければならない。その見地に立てば、本件の取材フィルムの提出命令は、なお、受忍されなければならない程度のものである（最大決昭44.11.26）。

新聞記者は記事の取材源に関するという理由によっては、刑事訴訟法上の証言拒絶権を有せず、憲法21条が、新聞記者に対し、その取材源に関する証言を拒絶し得る特別の権利を保障したものとはいえない（石井記者事件　最大判昭27.8.6）。

→刑事訴訟においては、「真実の発見」のもつ意味合いが重いのである。

報道機関の取材活動といえども、他人の権利や自由を不当に侵害することはできず、当初から秘密文書を入手するための手段として利用する意図で女性の公務員と肉体関係を持ち、その依頼を拒み難い心理状態に陥ったことに乗じて秘密文書を持ち出させたなど、取材対象者の人格を著しく蹂躪した取材行為は、正当な取材活動の範囲を逸脱するものである（毎日新聞記者事件　最決昭53.5.31）。

→公務員の秘密漏示罪のそそのかし罪について、正当業務行為には当たらないとして、記者の行為の違法性を認めた判例である。

民事事件において証人となった報道関係者は，その報道が公共の利益に関するものであり、その取材の手段や方法が一般の刑罰法令に触れるとか、取材源となった者が取材源の秘密の開示を承諾しているなどの事情がなく、しかも、その民事事件が社会的意義や影響のある重大な民事事件であるため、取材源の秘密の社会的価値を考慮してもなお公正な裁判を実現すべき必要性が高く、そのために当該証言を得ることが必要不可欠であるといった事情が認められないときには、原則として、取材源に係る証言を拒絶することができる（最決平18.10.3）。

→民事事件において、原則として、記者の証言拒絶権を認めた判例である。

設問15

法廷内の取材の自由について。

1．写真撮影をする自由は保障されるか？

2．メモを取る自由は保障されるか？

1について

写真撮影をする自由は、ありません（北海タイムス事件　最大決昭33.2.17)。

取材活動が、法廷の秩序を乱すことは許されません。

裁判の公開は、**制度的保障**にすぎず、また、写真の撮影は無罪の推定を受ける被告人の人権侵害になると考えられます。

2について

法廷内で、メモを取る自由は、保障されません（レペタ事件　最大判平1.3.8)。

裁判の公開は、制度的保障でしかないため、法廷内でのメモの採取という人権は存在しません。

メモの採取よりも、法廷内の秩序の維持が優先するのです。

しかし、傍聴人がメモを取ることにより、訴訟の運営が妨げられることは、通常は考えにくいため、特段の事情がなければ、傍聴人がメモの採取をすることができるものとされています。

設問16

アクセス権とは、何か？
また、憲法上、保障された権利であるといえるか？

アクセス権とは、マス・メディアの意見等に対して、反論を無料で掲載することを要求する権利をいいます。
→なお、狭義では、マス・メディアから名誉毀損その他の権利侵害を受けたときの反論権を意味する。

憲法21条1項を根拠にして、アクセス権を導き出すことはできないと考えるのが、判例・通説です。

国が、マス・メディアに思想情報の発信を強制することは、マス・メディア自身の出版・編集の自由を侵害することになるというのが、その理由です。

参考判例

新聞記事に取り上げられた者は、その新聞紙を発行する者に対して、その記事の掲載によって名誉毀損の不法行為が成立するかどうかと無関係に、人格権または条理を根拠として、その記事に対する自己の反論文をその新聞紙に無修正かつ無料で掲載することを求める権利を有しない（サンケイ新聞意見広告事件　最判昭62.4.24）。
→サンケイ新聞紙上に掲載された自民党の意見広告に対する他の政党の反論権が否定された事案である。

設問17

憲法21条がその自由を保障する、集会・結社とは何を意味するのか？

集会とは、特定または不特定の多数人が、一定の場所で共同の目的をもって集まる一時的な集合体のことをいいます。

結社とは、共同の目的のためにする多数人の継続的な団体のことです。

いずれも、共同の目的の存在がその要件であり、学生食堂に食事をするために多くの学生が集まっても集会には当たりません。

集会の自由に関しては、公民館などの公共施設に関して、その使用を不許可とする処分が、憲法21条に違反するかどうかが争われるケースがあります。

基本的に、公共の場での表現の自由は尊重されるべきですが、周辺の住民など一般国民に対する迷惑の度合いで、その制限の可否が定まります。

参考判例

メーデーのための皇居外苑使用の不許可処分は、公共の福祉のための財産の管理権者が、管理上の必要から行ったものであり、表現の自由または団体行動権を制限することを目的としたものではないので、憲法21条に違反しない（最大判昭28.12.23）。

→多人数の集結により、公園施設の損傷と長時間にわたり一般国民が公園を使用できなくなることを理由とした不許可処分の事案。

公の施設である市民会館の使用を許可してはならない事由として市条例が定める「公の秩序をみだすおそれがある場合」とは、会館における集会の自由を保障することの重要性よりも、会館で集会が開かれることによって、人の生命、身体又は財産が侵害され、公共の安全が損なわれる危険を回避し、防止することの必要性が優越する場合をいうものと限定して解すべきであり、その危険性の程度としては、単に危険な事態を生ずる蓋然性があるというだけでは足りず、明らかな差し迫った危険の発生が具体的に予見されることが必要であり、そう解する限りにおいて、このような規制は、憲法21条に違反しない（泉佐野市民会館事件　最判平7.3.7）。

→中核派の集会について、市が不許可処分とした事案。過激派同士の対立により、周辺住民に対する明らかな差し迫った危険の発生が具体的に予見されるものとして、不許可処分が認められた。

何者かに殺害されたＪＲ関係労働組合の連合体の総務部長の合同葬に使用するためにされた市福祉会館の使用許可申請に対して、市の条例が定める「会館の管理上支障があると認められるとき」に当たるとしてなされた不許

可処分は、その殺害事件についていわゆる内ゲバ事件ではないかとみて捜査が進められている旨の新聞報道があったとしても、合同葬の際にまでにその主催者と対立する者らの妨害による混乱が生ずるおそれがあるとは考え難い状況にあり、また警察の警備等によってもなお混乱を防止することができないとはいえないなどの事情の下においては、「会館の管理上支障がある」との事態が生ずることが客観的な事実に照らして具体的に明らかに予測されたものということはできず、違法というべきである（上尾市福祉会館事件　最判平8.3.15）。

設問18

憲法21条は、デモ行進をする自由を保障しているか？

デモ行進は、集会の自由に含まれます。

動く集会という位置づけです。

したがって、憲法21条が保障する基本的人権です。

設問19

デモ行進をする場合に、届出制ではなく、許可制とすることは憲法21条に違反するか？

一般的な**許可制**を定めて、これを事前に抑制することは憲法の趣旨に反します。

しかし、公共の福祉の侵害を防止するため、特定の場所、方法について、合理的かつ明確な基準の下に、あらかじめ許可を受けさせることは、必ずしも違憲ではないものとされています（新潟県公安条例事件　最大判昭29.11.24）。

また、規制の対象となる場所をある程度包括的に定めた場合でも、「公共の安寧を保持する上に直接危険を及ぼすと明らかに認められる場合」の他は許可をしなければならないとしているときは、実質的に届出制と異なることはないので、違憲とはならないものとされています（東京都公安条例事件最大判昭35.7.20)。

なお、デモ行進は、交通秩序に影響を及ぼすことになるため、これを**届出制**とすることは、当然に合憲であると考えてよいです。

設問20

刑罰法規における明確性の原則とは、何か？
また、集会の自由に関して、具体的にいかなる問題が生じたか？

刑罰法規があいまいで不明確な場合には、憲法31条に違反してその法規は、無効とされます。

これが、**刑罰法規の明確性の原則**です。

憲法31条は、罪刑法定主義を定めたものと解されますが、刑罰法規の内容が不明確であれば、罪を定めたとはいえないことになります。

なお、刑罰法規は、**一般の国民にとって**その内容が明確であることを要し、立法者においてのみ明確であったとしても明確性の原則を満たしたものとはいえません。

明確性の原則については、徳島市公安条例が集団行進を行う者が遵守すべき事項として、「交通秩序を維持すること」を挙げていることが、はたして、明確性の原則を満たしているかどうかという点が、問題となった有名な事例があります。

判例は、ジグザグ行進をした者を処罰することについて、その行為が、処罰の対象となることは、「交通秩序を維持すること」という規定から読み取ることができるとして、条例による処罰を合憲としました（徳島市公安条例事件　最大判昭50.9.10)。

設問21

憲法21条２項後段は、通信の秘密は、これを侵してはならないと規定する。
では、犯罪捜査のために、電話の傍受をすることは可能であるか？

次の場合に、可能であるとした判例があります（最決平11.12.16）。
1．重大な犯罪に係る被疑事件であること。
2．被疑者が罪を犯したと疑うに足りる十分な理由があること。
3．被疑事実に関する通話が行われる可能性があり、電話傍受以外の方法により証拠を得ることが著しく困難であること。

以上の場合に、真にやむを得ないと認められるときは、法律の定める手続によって電話の傍受をすることも可能です。

この他、民法には後見人が被後見人の郵便物を管理できるとする規定があります（民法860条の２、860条の３）

設問22

「知る権利」の社会権的側面は、具体的権利であるか、抽象的権利であるか？

抽象的権利であると解されます。
抽象的権利とは、憲法上の権利ではあるが、国家に対する**強制力がない**という意味です。
したがって、憲法21条を根拠に、国や地方公共団体に情報の公開を求めることはできません。
ただ、情報公開法、情報公開条例が定められた場合には、これに基づいて、国家等に具体的な作為を求めることができることになります。

なお、知る権利の自由権的側面は、具体的権利です。
裁判規範性を有する、十分な具体性をもつ権利であると解されます。

したがって、国家が、国民の知る権利を侵害した場合には、憲法21条の規定に基づいてその救済を裁判所に求めることができます。

参考判例

大阪府知事の交際費に係る債権者の請求書、領収書等のうち、交際の相手方を識別することができるものは、相手方の氏名などが外部に公表、披露されることが、もともと予定されているものなどを除いて、大阪府公文書公開等条例においての公開しないことができる文書に該当する（最判平6.1.27）。
→請求書、領収書等は、原則として、非開示文書であるとされた。

設問23

営利的広告の自由は、憲法21条により保障されるか？

次の両説があります。

1．営利的広告の自由は、営業の自由（憲法22条１項）に含まれる。
　営利的公告は、民主政の過程と関係がないので、営業の自由の問題だとする説です。

2．営利的広告の自由は、表現の自由（憲法21条）に含まれる。
　表現の形態が、一般の言論と相違しないことなどを理由とします。

以上、いずれの説に立った場合でも、一般の表現活動よりは、広範な規制が許されるという結論には、相違がありません。

たとえば、誇大広告や虚偽の表示による広告などについての規制は、一般論として必要と考えられるためです。

参考判例

あん摩師、はり師、きゅう師及び柔道整復師の業務または施術者に対して、いわゆる適応症の広告を許さないことは、これを許容すると患者を吸引するために虚偽誇大に流れ、一般国民を惑わす結果、適切な医療を受ける機会を

失わせる結果を招くことをおそれたためであり、こうした弊害を防止するために一定の広告を禁止することは是認される（最大判昭36.2.15）。

Ⅳ　経済的自由権

経済的自由権に関しては、判例が、**二重の基準論**を採用しているといわれます。

これは、次の２つを区分けして、それぞれの合憲性の判定基準を定める考え方です。

１．警察目的による消極的規制

個人の自由な経済活動からもたらされる諸々の**弊害を除去**するための規制です。

たとえば、食品の衛生を確保するための規制などがこれに当たります。

消極的規制は、弊害の除去を目的としますから、行き過ぎた規制をすることができません。

合憲性の判定は、厳格な合理性の基準によるものとされ、ある規制方法について、同じ目的を達成することができるより緩やかな規制方法が存在するときは、その規制は違憲とされます。

２．社会経済政策のための積極的規制

資本主義がもたらす、貧富の拡大などの社会的な矛盾を解決するための規制です。

たとえば、地域の商店街の経営に対する打撃を防止する見地から、大規模店舗の出店規制をする場合などがこれに当たります。

こうした施策は、基本的に、政治の役割であり、立法府に広範な裁量が認められます。

→三権分立の建前から、立法府の裁量に属する問題は、裁判所が口出しをすることができない。裁量の範囲を逸脱したときにはじめて司法審査が可能となるという関係にある。

このため、合憲性の判定基準は、非常にゆるやかであり「明白性の原則」が働くものとされます。

これは、規制が著しく不合理であることが明らかでない限りは、合憲であるという原則です。

→著しくない不合理があるときや、著しい不合理がありそうだが明白とはいえないときは、裁判所は、合憲判決を書くことになる。

宿　題　一定の資格を有する者でなければ、司法書士となることができないとする規制は、消極的規制であるか。積極的規制であるか？

■用語解説■　警察とは

警察目的の消極的規制という場合に、警察目的とあるのは、行政警察の意味である。一般統治権に基づき国民に命令、強制をするという意味であり、規制行政の多くは、行政警察に含まれる。

宿題の解答▼

消極的規制です。

司法書士は、この法律（著者注：司法書士法）の定めるところによりその業務とする登記、供託、訴訟その他の法律事務の専門家として、国民の権利を擁護し、もつて自由かつ公正な社会の形成に寄与することを使命としています（司法書士法１条）。

→資格制度によって参入制限をすることにより、中小零細事務所の経営の安定を図ること（積極的目的）は目的としていない。

◆一問一答◆

問　経済的自由の制限に関して、積極的規制と消極的規制のうち合憲性の判定基準が厳しい（つまり、違憲判決が出やすい）のは、いずれか？

答　消極的規制である。

①　居住、移転および職業選択の自由、外国移住および国籍離脱の自由

憲法22条
1項　何人も、公共の福祉に反しない限り、居住、移転及び職業選択の自由を有する。
2項　何人も、外国に移住し、又は国籍を離脱する自由を侵されない。

居住、移転の自由は、いかなる場所であっても、自由に住所または居所を定めることができる自由とそれを移転することの自由を意味します。

外国旅行の自由は、憲法22条2項の外国に移住する自由に含まれます（判例）。

設問1

憲法22条1項は、営業の自由を保障しているか？

憲法22条1項の、職業選択の自由は、当然に選択した職業の継続、つまり、営業の自由を含むものと解されています。

したがって、営業の自由は、憲法22条1項によって保障されているということができます。

設問2

薬局の開設等の許可基準として、県の条例が、その適正配置の基準をおおむね100メートルとした規制は、営業の自由を侵害するか？

条例は、憲法22条1項に違反し、無効であるという判例があります（最大判昭50.4.30）。

判旨は、薬局の開設等の許可制は、主として国民の生命・健康に対する危険を防止するための**消極的規制**であり、この目的を達成するために、許可制に比べて、よりゆるやかな規制によってその目的を達成することができないとはいえないとしています。

参考判例

小売商業調整特別措置法による小売市場の許可制は、社会経済の調和的発展の観点による中小企業の保護政策としての措置であり、目的において一応の合理性があり、手段・態様について著しく不合理であることが明白でない限り、裁判所が、これを違憲とすることができない（小売市場判決　最大判昭47.11.22）。

→小売市場の許可制は、積極的規制であるため、合憲性の判定基準として、明白性の原則がとられている。

《関連事項》**公衆浴場の設置の許可制と配置に係る距離の制限について**

公衆浴場の配置の距離制限については、いずれも合憲であるという判例があります。しかし、規制の性質については、時代ごとに変遷があります。

1．消極的規制であるとした判例（最大判昭30.1.26）
国民保健と衛生の確保のための規制と判断した。

2．積極的規制であるとした判例（最判平1.1.20）
公共浴場業者の経営困難による転業、廃業を防止するための規制であると判断した。

3．消極的・積極的規制の双方の意味があるとした判例（最判平1.3.7）
国民保健・衛生の確保のほか、既存の公共浴場業者の経営の安定を目的としていると判断した。

②　財産権

憲法29条

1項　財産権は、これを侵してはならない。

2項　財産権の内容は、公共の福祉に適合するやうに、法律でこれを定める。

3項　私有財産は、正当な補償の下に、これを公共のために用ひることができる。

憲法29条１項は、個人の財産を具体的に保障する基本的人権としての意味と、私有財産制という制度的保障の双方を意味します（判例・通説）。

参考判例

共有森林について、その持分価格の２分の１以下の共有者に対して、民法が定める共有物分割請求権を否定する森林法の規定は、その立法目的から明らかに不合理で必要のない規制であり、立法府の合理的な裁量の範囲を超えるため、憲法29条２項に違反し無効である（最大判昭62.4.22）。

■解説

森林法は、森林の荒廃を防止することを目的とするが、共有物分割請求権の否定は、逆に森林の荒廃を招くという趣旨の判例です。

判例の事案は、森林の持分の２分の１を２人の人物が共有するケースであり、その両者に対立が生じたときに、一方の者は、共有物の保存行為をすることができるにとどまり、管理行為、変更行為をすることができません。

そのことが、森林の荒廃につながるので、共有物分割請求権を認めないという森林法における民法の特則は、不合理だというのです。

◆一問一答◆

問 上記の事案で、共有者の１人が共有物の管理行為をすることができない理由は何か？

答 民法252条本文が存在するからである。そこには、「共有物の管理に関する事項は、前条の場合（共有物の変更のこと）を除き、各共有者の持分の価格に従い、その過半数で決する。」と規定されている。

したがって、持分が２分の１の共有者は、単独では管理行為をすることができない。

設問３

財産権の内容は、公共の福祉に適合するように、法律で定めるものとされているが、憲法29条２項は、この場合に正当な補償をせよとは書い

ていない。では、法律で財産権を制限する場合に、国家は正当な補償をする必要はないのか？

公共のために財産権を制限したすべての場合に、補償を要することはありません。

たとえば、建築基準法が定める建築物の高さや規模、用途などの制限といった、国民一般が当然に受忍すべき制限については、補償がなされることはありません。

これに対して、道路を作るために特定の地主の土地を収用するなど、**特別の犠牲**を課した場合には、憲法29条３項により、正当な補償を要することになると解されます（判例・通説）。

設問４

憲法29条３項は、「私有財産は、正当な補償の下に、これを公共のために用ひることができる。」と定めるが、収用された財産が、他の個人に分配されて、結局はその私的な用に供される場合にも、公共のために用いたということができるのか？

できると解されます（判例・通説）。

「公共のために用ひる」とは、公共の利益のためという意味であり、政府による収用が、公共の利益を目的としていれば、具体的な場合に個人が受益者となってもこれに当たるとされています。

したがって、県営住宅を作るために土地を収用するなどの場合で、結局は私的な用に供される場合にも、収用をすることができるものとされます。

参考判例

戦争中から戦後の国の存亡にかかわる非常事態においては、国民のすべてが、その生命、身体、財産の犠牲を堪え忍ぶことを余儀なくされていたから、これらは、戦争犠牲ないし戦争損害として国民のひとしく受忍しなければならなかったところであり、これらの戦争損害に対する補償を憲法29条３項に

より求めることはできない（シベリア抑留補償請求事件　最判平9.3.13）。
→シベリア抑留と強制労働は、特別犠牲に当たらないといっている。

設問５

憲法29条３項の「正当な補償」とは、いかなる程度の補償を意味するのだろうか？

次の２つの判例があります。

1．農地改革の場合（最大判昭28.12.23）

正当な補償とは、その当時の経済情勢において成立する価格を基に、合理的に算出された相当な額をいうとされました。

→相当な額というが、実際には、タダ同然であった。GHQの指令に基づく一大国策であり、完全な補償は財政的にも不可能であった事案である。

2．土地収用法による収用の場合（最判昭48.10.18）

正当な補償とは、完全な補償を意味するとされました。

完全な補償とは、収用の前後を通じて収用される者の財産価値を等しくならしめる補償を意味します。

→金銭で補償するときは、被収用者が、同価値の他の土地を取得することのできる額であることを要する。

設問６

憲法29条２項は、財産権の内容を法律で定めると規定するが、では、条例で財産権を制限することはできるのだろうか？

法律の委任がなくても、条例で、財産権を制限することができると解されます（通説）。

条例は地方議会が定めるので、その制定に民主的な基盤があるためです。

参考判例

災害を防止するために、ため池の提とうを使用する財産上の権利を制限す

ることは、やむを得ない制約であり、ため池の提とうを使用する者が当然に受忍しなければならない責務であるので、何らの補償なくしてされた条例による財産権の制限は、憲法および法律に違反しない（奈良県ため池条例事件　最大判昭38.6.26）。

設問7

財産権を制限する法令に損失補償の規定がない場合でも、憲法29条3項を根拠として正当な補償の請求をすることができるか？

憲法29条3項を根拠に、正当な補償を請求することができます（通説）。このため、損失補償の規定がない法令が、違憲とされることはありません。

参考判例

財産上の犠牲が、単に一般的に当然に受認すべきものとされる制限の範囲をこえて、特別の犠牲を課したものである場合には、これについて損失補償に関する規定がなくても、直接、憲法29条3項を根拠にして、補償請求をする余地がないではない（河川附近地制限令事件　最大判昭43.11.27）。

■解説

特別犠牲を強いる法令に損失補償の規定がなく、罰則規定のみを定めたことは違憲無効であるという被告人の主張に対して、憲法29条3項による補償の可能性があるから、同法令は無効ではないとした判例であり、処罰を正当化しています。

V　人身の自由

憲法31条
何人も、法律の定める手続によらなければ、その生命若しくは自由を奪はれ、又はその他の刑罰を科せられない。

憲法31条は、手続のみでなく、実体的要件まで、法律で定めることを要求しているものと解されます。

このため、憲法31条は、**罪刑法定主義**の根拠規定であるとされます。

これは、あらかじめ、罪と刑を法律で定めていなければ、その行為を処罰することができないとする考え方です。

もちろん、あらかじめ定める「罪」の内容は、何が罪に当たるかを明確に規定しなければなりません。

明確性の原則は、罪刑法定主義の１つの現れです。

参考判例

福岡県の条例が処罰の対象とする「淫行」とは、青少年を誘惑し、威迫し、欺罔しまたは困惑させるなど、その心身の未成熟に乗じた不当な手段によって行う性交または性交類似行為のほか、青少年を単に自己の性的欲望を満足させるための対象として扱っているとしか認められないような性交または性交類似行為をいうものと解すべきであり、淫行の意味をこのように解するときは、憲法31条に違反しない（福岡県青少年保護育成条例事件　最大判昭60.10.23）。

■解説

「淫行」という言葉はその意味するところがあいまいであるが、その意味を上記のように具体的に解することにより、刑罰法規の明確性の原則には、違反しないとした判例です。

設問1

刑罰を科す場合に、聴聞、告知の機会を与えることは、憲法31条が保障する手続の適正に含まれるか？

含まれます。

処罰を受ける者の言い分を聞かずに処罰することは、憲法31条の適正な手続には当たりません。

憲法31条は、この他、次のことを保障するものとされています。

1．刑事手続法定主義→刑事訴訟法を作ること
2．罪刑の法定→刑法を作ること
3．法律で定めた実体要件が、適正であること

上記の3は、こそ泥に対して死刑を科すことは、罪と刑のバランスを欠くから、憲法31条に違反するという意味です。

通説は、「法律で定めた実体要件が、適正であること」も、憲法31条により保障されるとしています。

参考判例

第三者に対して、告知・弁解・防御の機会を与えることなく、関税法の規定により第三者の所有物を没収することは、憲法31条、29条1項に違反する（第三者所有物没収事件　最大判昭37.11.28）。

公訴事実のほかに、起訴されていない犯罪事実を余罪として認定し、実質的にこれをも処罰する趣旨で、被告人に重い刑を課すことは憲法31条に違反する（最大判昭42.7.5）。

→余罪の部分について、被告人に法廷での防御の機会が与えられていないためである。

設問 2

憲法31条は、行政手続にも適用があるか？

憲法31条は、直接的には、刑罰つまり刑事手続に係る規定です。

しかし、その趣旨は、行政手続にも**類推適用**されます（判例・通説）。

したがって、原則として、適正手続の保障の趣旨は、行政手続にも及びます。

ただし、例外として、告知、弁解、防御の機会を与えずにする行政処分が適法とされることもあります。

参考判例

個人タクシー事業の免許にあたり、その許否は、個人の職業選択の自由にかかわりを有するものであり、微妙で高度な審査基準に基づいて、多数の者から少数の特定の者に免許を与えるときは、申請人に対して、その主張と証拠の提出の機会を与えなければならず、これに反する審査手続によって免許の却下処分がされたときは、その処分は違法である（最判昭46.10.28）。

憲法31条の定める法定手続の保障は、直接には刑事手続に関するものであるが、行政手続については、それが刑事手続ではないとの理由のみで、そのすべてが当然に同条による保障の枠外にあると判断することはできない。しかし、行政手続は、刑事手続とは目的を異にし、行政目的に応じて多種多様であるから、常に、必ず、行政処分の相手方に事前の告知、弁解、防御の機会を与えることを必要とするものではない（成田新法事件　最大判平4.7.1）。

→成田空港に反対する者の工作物の使用を制限する行政処分が、弁解の機会等を与えることなくなされた事案。

設問 3

憲法31条は、法律の定める手続によらなければ、刑罰を科せられないと規定しているが、政令により刑罰を科すことはできるか。また、条例によることはどうか？

いずれも、法律の委任があれば、刑罰を科すことができます。

しかし、その委任の程度は、双方で相違します。

1．政令の場合

個別具体的で、特定の事項に限り、法律が委任をすることができます(憲法73条6号参照)。

2．条例の場合

法律による、**相当な程度に具体的**な委任があれば、条例で刑罰を定めることができます（最大判昭37.5.30)。

→個別具体的な委任までは要しない（地方自治法14条3項参照)。

両者の相違は、条例には、地方議会が制定するという民主的な基盤がありますが、政令を定める内閣には、直接的な民主的基盤が存在しないことを理由とします。

設問4

憲法34条前段は、「何人も、理由を直ちに告げられ、且つ、直ちに弁護人に依頼する権利を与へられなければ、抑留又は拘禁されない。」と規定するが、裁判所が、弁護人の選任を依頼する権利があることを告知しないことは、違憲とされるか？

違憲とはされません（最大判昭24.11.30)。

弁護人の選任の依頼は、被告人が自らすべきであり、その行使が妨げられなければよいものとされます。

設問5

憲法35条は、住居、書類、所持品等について侵入、捜索、押収する際の令状主義の原則を定める。

この令状主義は、刑事手続に係る規定であるが、その趣旨は、行政手続に類推されるか？

行政手続にも類推適用されます（判例・通説）。

川崎民商事件（最大判昭47.11.22）で、判例は、行政手続が憲法35条の保障の枠外にあるとはいえないとしつつ、所得税の公平確実な賦課徴税のため、所得税申告調査のための帳簿等の立入検査を、あらかじめ裁判官の発する令状によらずに行っても違憲であるとはいえないと判示しています。

設問６

憲法37条１項は、「すべて刑事事件においては、被告人は、公平な裁判所の迅速な公開裁判を受ける権利を有する。」と規定する。

１．公平な裁判とは何を意味するか？

２．迅速な裁判を受ける権利は、基本的人権であるか？

１について

公平な裁判とは、構成その他が、偏頗や不公平のおそれがないことをいい、刑の量定の公正妥当を意味しないものとされています（最大判昭23.5.26）。

２について

迅速な裁判を受ける権利は、基本的人権です。

高田事件（最大判昭47.12.20）では、審理の著しい遅延の結果、被告人の迅速な裁判を受ける権利が害されたと認められる異常な事態が生じたときには、これに対する具体的な規定がなくても、審理を打ち切るという非常救済をすることが認められると判示しました。

→15年間にわたり、第一審の審理が中断したケースで、免訴の判決をした事案である。

設問７

憲法37条２項は、「刑事被告人は、すべての証人に対して審問する機会を充分に与へられ、又、公費で自己のために強制的手続により証人を求める権利を有する。」と規定する。

１．被告人が申請した証人について、裁判所が、これを採用しないとす

ることはできるか？
2．被告人が有罪判決を受けた場合、証人の喚問に要した費用を被告人に負担させることはできるか？

1について
できます。
証人の採否は、裁判所の裁量に属します（最大判昭23.6.23）。

2について
できます。
証人喚問は、公費負担ですることができますが、その費用の負担を命じることを禁じる趣旨ではありません（最大判昭23.12.27）。

設問8

憲法37条3項は、被告人が弁護士を依頼することができない場合には、国でこれを附するとして、国選弁護人の制度を定めているが、これは、国選弁護人費用の公費負担を定めた規定であるか？

憲法37条3項は、国選弁護人の費用の公費負担までをも保障した規定ではありません。
被告人に資力があるときは、その費用を被告人に負担させることができます（最大判昭25.6.7）。

設問9

憲法38条1項は、「何人も、自己に不利益な供述を強要されない。」として黙秘権を規定している。
1．酒気帯び運転を取り締まるための呼気検査は、憲法38条1項に違反するか？
2．被告人は、自己の氏名を黙秘する権利を有するか？
3．道路交通法が、交通事故後に事故の内容の報告義務を定めたことは、憲法38条1項に違反するか？

1について

違反しません。

呼気は、「供述」には当たりません（最判平9.1.30）。

2について

氏名の黙秘は、憲法38条1項の保障するところではありません。

氏名そのものが、不利益な供述に当たることはないと解されます（最大判昭32.2.20）。

3について

違反しません。

単に事故の内容を報告する義務を課したにとどまり、刑事責任を問われるおそれのある事故の原因などの報告を求めるものではないので、黙秘権の侵害には当たらないとされています（最大判昭37.5.2）。

設問10

憲法39条は、「何人も、実行の時に適法であつた行為又は既に無罪とされた行為については、刑事上の責任を問はれない。又、同一の犯罪について、重ねて刑事上の責任を問はれない。」と規定する。

1．第一審で無罪判決がされた場合に、検察官が上訴をすることは憲法39条に違反するか？

2．外国の裁判所で確定判決を受けた者を、わが国の刑法で処罰することはできるか？

3．法人税法が定める追徴税を罰金と併科することができるか？

1について

上訴は、憲法39条に違反しません。

憲法39条は、いったん事件が確定的に処理された後に、被告人を二重の危険にさらしてはいけないという一事不再理効を保障した規定です（判例・通説）。

したがって、同条がいう「既に無罪とされた行為」とは、無罪が確定したことを意味します。

無罪が確定する前に、検察官が上訴をすることは可能です。

2について

処罰することができます（刑法5条本文）。

憲法39条は、わが国において二重処罰することを禁じています。

3について

併科することができます（最大判昭33.4.30）。

追徴税は行政処分、罰金は刑事処分であり、その目的を異にするからです。

参考判例

行為当時の最高裁判所の判例が示す法解釈によれば、無罪となるべき行為であっても、これを処罰することは憲法39条に違反しない（最判平8.11.18）。

Ⅵ　社会権的基本権

①　生存権

憲法25条

1項　すべて国民は、健康で文化的な最低限度の生活を営む権利を有する。

2項　国は、すべての生活部面について、社会福祉、社会保障及び公衆衛生の向上及び増進に努めなければならない。

設問1

判例によれば、生存権（健康で文化的な最低限度の生活を営む権利）は、憲法上保障された人権であるといえるか？

いえません。

判例は、生存権の法的性格を**「プログラム規定」**であると解します。

これは、憲法25条は、国民に権利を保障した規定ではなく、単に、立法府の政治的道徳的な義務を定めたにすぎないという考え方です。

したがって、判例によれば、生活保護法など憲法25条を具体化する法律について憲法違反の問題は、そもそも生じないことになります。

なお、判例の見解によっても、生存権の自由権的側面については、具体的な権利として認められるのであり、たとえば、国家が国民の生存権を脅かす行為をしたときは、憲法25条を根拠にその救済を求めることができます。

参考判例

憲法25条１項は、すべての国民が健康で文化的な最低限度の生活を営むことができるように国政を運営すべきことを国家の責務として宣言したにとどまり、個々の国民が国家に対して具体的・現実的に権利を有するものではない（食糧管理法事件　最大判昭23.9.29）。

設問２

憲法25条の生存権を、憲法が保障する具体的な権利であると考える学説がある。

この説によれば、憲法25条を根拠にして、国民は健康で文化的な最低限度の生活をするための給付を裁判所に請求することができるか？

給付の請求を裁判所に請求することまでは、認められません。

生活保護の基準を定めることなどは、もともと、政治の働き（立法府の権能）であり、財源の根拠もなく、裁判所がこれを定めることは三権分立の建前に反することになります。

生存権に関する**具体的権利説**は、国家が、生存権を保障するための立法をしないときに、その不作為が違憲であることを確認する訴訟を提起することができるという説です。

《関連事項》抽象的権利説

学説上は、憲法25条などの社会権的基本権は**抽象的権利**であるという考え方が通説です。

この説では、憲法25条は、国民は、健康で文化的な最低限度の生活をするための立法を求める権利を有し、国はそうした立法を行う義務を有します。

しかし、上記の権利と義務は、抽象的なものであり、その義務が履行されないときに国民がこれを国に強制するため、裁判所に訴求をすることはできません。

しかし、いったん、生活保護法などの具体的な立法がなされたときには、その法令を根拠にして裁判所に権利侵害の救済を求めることができるとされます。

設問3

憲法25条における、1項・2項分離論とは、何か？

1項・2項分離論は、2項は、国が積極的に、防貧のための施策をすべき義務を定め、1項は、これによっても貧困となった国民に対して、国が事後的、個別的な救貧政策をすべきことを定めたと考える説です。

この考え方によれば、2項の防貧政策には、国の広い裁量が認められるが、1項の救貧政策については、合憲性の判定基準は、より厳しいものになることになります。

以上の考え方に対して、判例・通説は、1項と2項の分離を否定します。

1項が生存権を保障し、その権利を実現するために2項が存在すると考えます。

1項が目的、2項が手段であり、その双方を一体として把握すべきであるとして、分離論を批判します。

参考判例

生活保護受給権は、一身専属的権利であり、相続の対象とならないので、被保護者の死亡により、訴訟は当然に終了する。なお、念のために述べておくと、憲法25条1項は、国の責務を宣言したにとどまり、個々の国民に具体

的な権利を賦与したものではない。健康で文化的な最低限度の生活の具体的内容の判断は、厚生大臣（当時）の広い裁量にゆだねられており、その判断は、当不当の問題として政府の政治的責任が問われることはあっても、裁量権の限界を超える場合等のほかは、直ちに違法の問題を生じることはない（朝日訴訟　最大判昭42.5.24）。

→結核で療養中の原告が、医療扶助、生活扶助を受けていたが、実兄からの仕送りがあったため、医療費の一部を自己負担とする決定がされた事案である。生活保護受給権は、すでに発生したものを含めて相続の対象にはならないとして、原告の死亡により、訴訟は打ち切られた。

憲法25条１項と２項は、いずれも、福祉国家の理念に基づく国家の責務を宣言したものにとどまる。その具体化は、立法府の広い裁量にゆだねられており、それが著しく合理性を欠き明らかに裁量の逸脱、濫用と見ざるを得ない場合を除いて、裁判所が司法審査をするには適しない。

また、障害福祉年金と児童扶養手当の併給を禁止することは、立法府の裁量の範囲に属するから、憲法25条に違反しない。また、その差別は、合理的理由のない不当なものともいえず、憲法14条１項に違反しない（堀木訴訟　最大判昭57.7.7）。

→全盲の女性が、障害福祉年金を受給していたが、離婚後に子を養育するため、児童扶養手当の申請をしたところ、併給禁止規定によりこれを却下された事案である。裁判所は、事故が２以上あっても、所得を得る能力の低下が事故の数に比例するものではないとして、併給禁止規定を合憲とした。

---

②　教育を受ける権利

憲法26条

１項　すべて国民は、法律の定めるところにより、その能力に応じて、ひとしく教育を受ける権利を有する。

２項　すべて国民は、法律の定めるところにより、その保護する子女に普通教育を受けさせる義務を負ふ。義務教育は、これを無償とする。

教育を受ける権利は、自由権と社会権の２つの側面があります。
どのような教育を受けるかは、各人の選択に任されるという意味では自由権であり、国に教育制度や施設を通じて適切な教育の場を提供することを要求するという意味では社会権です。

設問４

憲法26条２項の義務教育の無償とは、授業料のほか、教科書の無償を意味するか？

授業料の無償のみを意味します（最大判昭39.2.26）。
教科書の無償は、憲法上、保障されていません。

設問５

子どもの教育の内容を決定する権能は、国にあるのか、親や教師などの国民にあるのか？

国、国民の双方にあるとする折衷説が、判例・通説です。

旭川学テ事件（最大判昭51.5.21）は、文部省（当時）の指示により行われた全国学力テストに対して、教育現場への不当な介入であるとして、これに反対する教師が、その実施を阻止しようとして公務執行妨害罪に問われた事件です。

この判例において、教育権の所在が問題となりました。
最高裁判所は、教師には一定の範囲の教授の自由が認められ、親にも家庭教育や学校選択の自由という意味での限られた範囲の教育の自由があるとしました。

しかし、普通教育においては、全国的に一定の水準を確保し、教育の機会均等を図るための強い要請があるので、教師や親の限られた教育権の範囲以外の領域では、国が、国政の一部として広く適切な教育政策を樹立、実施する権能を有すると判示しました。

宿　題｜　なぜ、公務執行妨害罪の成否に係る刑事事件で、教育権の所在が問題になるのでしょうか？

宿題の解答▼

公務執行妨害罪が成立するためには、その要件として、公務の適法性を要するからです。

妨害された公務である学力テストが、国民の教育権を侵害する違法なものと認定されたときには、公務執行妨害罪は成立しないことになります。

判旨のように、国（文部省）に広範な教育権があるのであれば、学力テストは適法なので、これに対して公務執行妨害罪が成立します。

参考判例

学校教育法が定める教科書の使用義務に違反する授業をしたこと、高校の学習指導要領から逸脱する授業および考査の出題をしたことなどを理由とする県立高校教諭に対する懲戒免職処分は、その違反行為が日常の教科の授業、考査に関して行われたものであって、その義務違反が年間を通じて継続的に行われ、また、その授業等が学習指導要領所定の各科目の目標と内容から著しく逸脱するものであるときは、懲戒権者の裁量権の範囲を逸脱したものとはいえない（伝習館高校事件　最判平2.1.18）。

→学習指導要領は、法規であると解した判例である。その法規に違反した授業を教師が行うことは、懲戒の理由になるという趣旨。

③　労働基本権

労働基本権は、勤労の権利と労働三権の総称です。

勤労の権利は、国家に、雇用保険その他の失業対策をすることを求める権利です。

設問6

憲法が、労働者に保障する労働三権とは何か？

次の3つの権利です。

1．団結権
　労働組合を作る権利です。
2．団体交渉権
　労働組合が使用者と労働条件について交渉をする権利です。
3．団体行動権
　争議権がその中心です。ストライキ、サボタージュなど。

憲法28条は、経済的劣位に立つ勤労者に対して、使用者と**実質的に対等**な立場に立つことができるための手段として、労働三権を保障したものであるといわれています。

《関連事項》刑事・民事の免責

憲法28条が保障する、労働基本権の行使については、刑事・民事のいずれにおいても免責されます。

たとえば、サボタージュやストライキは、使用者との間の雇用契約の債務不履行でありますが、これにより損害の賠償を請求されることはありません。

→なお、当然のことながら、働かなかった時間の給与は請求できない。

労働基本権には、自由権と社会権の双方の側面があります。
適法な労働運動を妨げられないという意味では、自由権です。
国に労働基本権を保障する措置を要求するという意味では、社会権です。

設問7

警察・消防・自衛隊・刑務所の職員に、団結権は認められるか？

認められません。
警察等の職員には、労働三権のすべてが認められていません。
なお、公務員のうち非現業の公務員には、団結権のみが認められます。

現業の公務員は、団結権と団体交渉権が認められます。

以上から、公務員に、団体行動権が認められるケースは、ないことがわかります（全農林警職法事件　最大判昭48.4.25)。

公務員の労働基本権の制限が許容される理由としては、次のことが挙げられます。

1．公務員の勤務条件等は、法律で定まるので、政府に対する争議行為は的外れである。
2．公務員の争議行為には、市場の抑制力が働かないので、これを認めると際限がなくなる。
   →私企業の場合、争議権を濫用すれば、企業自体が倒産して労働者は職を失うが、国は、私企業と相違して、倒産することがない。
3．人事院など、制度上の代償措置がある。

設問 8

政治的な要求をするための争議権の行使であるいわゆる政治ストは、憲法28条の保障の下にあるか？

政治ストは、争議行為の正当な範囲を逸脱し、違法であると解されます（判例)。

もともと、労働三権は、労働条件の維持、向上のために認められた権利であり、政治的な要求をするための権利ではありません。

参考判例

私企業の労働者であると、公務員を含むその他の勤労者であるとを問わず、使用者に対する経済的地位の向上の要請とは直接には関係のない政治的目的のために争議行為を行うことは、憲法28条とは無関係な行為である（全農林警職法事件　最大判昭48.4.25)。

Ⅶ　参政権

憲法15条１項は「公務員を選定し、及びこれを罷免することは、国民固有の権利である。」と規定します。

この規定は、選挙権のみを保障したのではなく、被選挙権の保障も含むものと解されています。

→選挙権と被選挙権は一体のものとして、とらえられる。

参考判例

立候補の自由は、憲法15条１項が、直接には規定していないが、これもまた、同項の保障する基本的人権の１つである（最大判昭43.12.4）。

→市議会議員選挙について、労働組合が組合員の立候補を取りやめるよう説得し、これに従わなかった者を処分した行為を違法とした判決である。

選挙には、次の原則があります。

１．普通選挙

財力や、教育、性別などにより、選挙権を制限しないことをいいます。選挙をする資格の問題です。

２．平等選挙

１人１票ということです。

平等選挙は、１票の価値の平等をも意味します。

３．自由選挙

棄権の自由です。棄権をしても制裁を受けることはありません。

４．秘密選挙

誰に投票をしたのかを秘密にすることです。憲法15条４項前段に定めがあります。

５．直接選挙

選挙人が公務員を直接、選挙することをいいます。

設問１

一定の犯罪をした者に、選挙権を認めないことは許容されるか？

許容されます（公職選挙法11条１項２号～５号）。

《関連事項》選挙の法的性質

選挙の法的性質には、次の３つの説があります。

１．公務説

選挙は、有権者団という機関が行う公務であると考えます。

選挙の公正のために選挙に関する立法裁量を広く認める立場です。

棄権の自由を認めない方向となります。

２．権利説

選挙権は、有権者団の構成員として国政への自己の意思を表明する個人の主観的権利であるという考え方です。

参政権を基本的人権としている憲法の規定と整合します。

棄権の自由が認められることになります。

３．二元説

公務としての性質、権利としての性質の双方を認める考え方です。これが、判例・通説です。

権利としての性質があるため、選挙権の侵害は、基本的人権の侵害となります。

また、公務としての性質もあるため、選挙の公正を確保するために、一定の犯罪を犯した者の選挙権を制限することも、合憲と解されます。

設問２

わが国の国会議員選挙において、憲法を改正せずに、間接選挙をすることができるか？　複選制はどうか？

間接選挙は、可能です。

選挙人が、選挙委員を選任し、その選挙委員が公務員を選挙するカタチが間接選挙です。

これに対して、複選制は禁止されます（通説）。

複選制は、すでに選挙されて公職にある者が、公務員を選挙することです。

たとえば、県会議員が、国会議員を選挙することを意味します。

複選制は、国民の意思との関係が間接的にすぎるので、憲法43条の選挙には当たらないと解されます。

参考判例

国会議員の立法行為は、立法の内容が憲法の一義的な文言に違反しているにもかかわらずあえてその立法を行うというごとき例外的な場合でない限りは、国家賠償法の適用において、違法の評価を受けず、在宅投票制度を廃止し、これを復活しなかった立法行為は、国家賠償法のいう違法な行為に当たらない（在宅投票廃止事件　最判昭60.11.21）。

→在宅投票制度の廃止が障害者の選挙権を実質的に奪うものであるという主張がされた事案であるが、裁判所は、国の立法の不作為は、原則として違法とならないとした。

国外に居住しており、国内の市町村の区域内に住所を有しない日本国民に対して国政選挙における選挙権行使の機会を確保するためには、選挙権の行使を認める制度を設けるなどの立法措置を執ることが必要不可欠であったにもかかわらず、その投票を可能にするための法律案が廃案となった後、10年以上の長きにわたって国会が投票を可能にするための立法措置を執らなかったことは、国家賠償法上、違法の評価を受ける（在外邦人選挙権制限違憲訴訟　最大判平17.9.14）。

→立法措置をとることが、必要不可欠であることが明白であったにもかかわらず、これをしなかったため、違法とされた事案である。

Ⅷ　受益権

①　請願権

憲法16条
何人も、損害の救済、公務員の罷免、法律、命令又は規則の制定、廃止又は改正その他の事項に関し、平穏に請願する権利を有し、何人も、かかる請願をしたためにいかなる差別待遇も受けない。

請願とは、国政に対して希望を述べる権利です。
国には、その希望に応じた措置をとる義務は生じません。

設問1
外国人は、請願権を有するか？

有します。
請願の主体に制限はなく、法人その他の団体、未成年者による請願もすることができます。

②　裁判を受ける権利

憲法32条
何人も、裁判所において裁判を受ける権利を奪はれない。

憲法32条は、訴訟拒絶の禁止を規定しています。
民事事件では受益権として、刑事事件では裁判所の裁判によらなければ刑罰を受けないという自由権の意味を有します。

設問2

憲法82条1項は、「裁判の対審及び判決は、公開法廷でこれを行ふ。」と規定する。

1．この規定は、裁判を傍聴する権利（人権）を定めたものか？

2．公開を要しない裁判は、存在するか？

1について

判例は、裁判の公開を**制度的保障**であるとしています（レペタ訴訟　最大判平1.3.8）。

傍聴の自由という人権を定めた規定ではありません。

裁判の対審と判決を、不特定で相当数の者が自由に傍聴できるという状態に置くことを制度として保障することにより、裁判の公正と裁判に対する国民の信頼を確保することがその趣旨です。

2について

非訟事件は、公開が要請されません。

非訟事件とは、国家が、後見的に関与して当事者にとって最適と思われる権利義務関係を形成するような紛争です。

→たとえば、父母が協議離婚する際の監護者の決定などの調整型の事件。

これに対して、訴訟事件は、公開を要します。

訴訟事件とは、当事者の意思のいかんにかかわらず、終局的に事実を確定し、当事者の主張する権利義務の存否を確定するような紛争です。

→はっきりと白黒をつけるケース。

たとえば、ある者の相続権の有無が問題となる事件は、訴訟事件です。

しかし、相続人には相続権があることを前提にして、遺産分割の審判をする事件は、非訟事件となります。

後者は、公開を要しません。

設問３

公の秩序または善良な風俗を害するおそれがあると、裁判官全員の一致で決した場合、裁判の判決を公開しないものとすることができるか？

できません。

判決は、常に、公開を要します（憲法82条１項）。

公の秩序または善良な風俗を害するおそれがあると、裁判官全員の一致で決した場合には、裁判の**対審**を非公開とすることができますが、政治犯罪、出版に関する犯罪または憲法第３章で保障する国民の権利（基本的人権）が問題となっている事件の対審は、常に、公開を要します（憲法82条２項）。

参考判例

憲法32条の趣旨は、すべて国民は憲法または法律で定められた裁判所においてのみ裁判を受ける権利を有し、裁判所以外の機関によって裁判を受けることはないことを保障したものであり、訴訟法で定める管轄権を有する具体的な裁判所において裁判を受ける権利を保障したものではない（最大判昭24.3.23）。

→管轄違いの裁判は、憲法32条に違反するものではないという趣旨。

◆一問一答◆

問　憲法上の国民の権利が問題となる事件の対審が非公開とされる場合はあるか？

答　ない。

③　国家賠償

> **憲法17条**
> 何人も、公務員の不法行為により、損害を受けたときは、法律の定めるところにより、国又は公共団体に、その賠償を求めることができる。

設問４

国家賠償責任の発生の要件について。
1．公務員の故意過失を要するか？
2．国または公共団体の責任については、無過失責任とされるか？

１について
公務員の故意過失を要します。

２について
国または公共団体の責任は無過失責任です。

参考判例

国又は公共団体に属する１人または数人の公務員による一連の職務上の行為の過程において、他人に被害が生じた場合において、どの公務員のどのような違法行為によるものであるかを特定することができなくても、一連の行為のうちの、いずれかに故意または過失による違法行為があったのでなければその被害が生ずることはなかったと認めることができ、かつ、それがどの行為であるにせよ、その被害について、国または当該公共団体が賠償責任を負うべき関係が存在するときは、国または当該公共団体は、損害賠償責任を免れることはできない（最判昭57.4.1）。

宿　題　憲法17条の公務員には、国会議員、内閣の構成員、裁判官は、それぞれ含まれるか？

設問 5

国が、賠償責任を負う場合、被害者は、公務員の責任を追及することができるか？

公務員の責任の追及をすることはできません（最判昭30.4.19）。

国には、債務不履行はないと考えられるため、公務員個人の責任の追及を認める実益がないためとされています。

なお、公務員に故意または重過失があるときは、損害を賠償した国または公共団体が、その公務員に対して求償権を行使することができます（国家賠償法１条２項）。

→国または公共団体の責任は、不法行為をした公務員の代位責任である。

宿題の解答▼

いずれも含まれます。

→裁判官については、判例アリ（最判昭43.3.15）。他の２者が含まれることについては、異論がない。

3 天　皇

天皇は、象徴であり、国政に関する権能を有しません。

天皇の国事に関するすべての行為には、内閣の助言と承認を必要とし、内閣が、その責任を負います（憲法３条）。

設問 1

内閣の助言と承認は、１つの行為であるか？　２つの行為であるか？

１つの行為です（通説）。

内閣は、助言のための閣議、承認のための閣議を個別にする必要はありません。

助言と承認により、内閣が、天皇の国事行為を決定するので、内閣は、天皇の国事に関するすべての行為について責任を負います。この責任は、内閣の自己責任であり、天皇無答責の原理が導き出されます。

→天皇は、刑事責任を負わない。民事上の責任は生じうると解されるが、民事裁判権は及ばない（最判平1.11.20）。

◆一問一答◆

問　憲法上、女性天皇は認められるか？

答　認められる。憲法2条は「皇位は世襲のものである」とのみ規定している。現行法が、皇位を「皇統に属する男系の男子」に限るとしているのは、皇室典範の規定でしかない。

設問2

次の行為は、天皇の国事行為として憲法に規定されているか？

1．政令を公布すること。
2．国会を召集すること。
3．国会議員の総選挙の施行を公示すること。
4．国務大臣を任免すること。
5．刑の執行の免除を認証すること。

国事行為として、憲法7条に規定されるのは、4を除くすべての事項です。

国務大臣の任免は、内閣総理大臣の権能であり、天皇は、国務大臣の任免の認証を国事行為として行います。

→その他、国事行為の詳細は、憲法7条各号を参照のこと。

設問3

次のうち、天皇が任命する者は、いずれであるか？

1．内閣総理大臣
2．最高裁判所の裁判官
3．衆議院議長

天皇が、任命権を有するのは、内閣総理大臣のみです。

天皇は、国会の指名に基づいて、内閣総理大臣を任命します（憲法6条1項）。

最高裁判所の裁判官については、天皇は、その長たる裁判官を内閣の指名に基づいて任命します（憲法6条2項）。

長を除く、最高裁判所の裁判官は、内閣が任命します（憲法79条1項）。

→なお、下級裁判所の裁判官は、最高裁判所の指名した者の名簿によって、内閣でこれを任命する（憲法80条1項）。

また、衆議院議長を、天皇が任命するという規定はありません。

《関連事項》天皇の公的行為

天皇の行為には、国事行為のほか、私的行為があります。

ここまでは、異論がありません。

しかし、天皇は、国事行為として憲法が規定する以外の行為を、公的な行為として行うことがあります。

たとえば、国会の開会式で「おことば」を賜る行為が、その代表例です。

これについて、次の説があります。

1．二行為説

① 公的行為否定説

天皇は、国事行為として規定されていない公的行為をすることができない。

→社会の実態にそぐわないという批判がある。

② 公的行為容認説

「おことば」は、国事行為の「儀式を行ふ」（憲法7条10号）に含まれる。

→「儀式を行ふ」は、天皇が主体となって行う儀式をいうのであり、「おことば」は、これに含まれないという批判がある。

2．三行為説

天皇は、国事行為、私的行為のほかに、象徴としての行為（または公人としての行為）をすることができる。「おことば」は、象徴としての行為に含まれる。

→象徴としての行為（または公人としての行為）として許容される行為の範囲が不明確だという批判がある。

☞トークタイム　憲法と宗教

憲法の世界には「絶対の真理」があります。それは、人には「人が人として生まれながらに持っている権利」があるということです。これを、人権思想といいます。そして、この人権は侵してはならないわけです。

このように憲法は証明不能な命題を真理ととらえます。これは、ちょうど宗教と同じ構造です。たとえば、キリストが神の子であることはキリスト教のある宗派では「絶対の真理」でしょう。

このため、憲法と宗教教学は同じ構造を持ちます。たとえば、ある宗教を信じれば幸せになるはずですが、その宗徒にも不幸は起きます。そのときにどう理由をつけるか、これが宗教教学です。たとえば、「神が与えた試練である」などと説明します。

憲法の世界でも人権より社会のルールが優先することはよくあります。このときに、人権は最高の価値であるという前提を崩さずに、どのように規制を正当化するかが憲法教学の眼目となります。たとえば「相手にも人権があるだろう。だから、これを尊重するために人権にもおのずから制約が生じるんだ」などと説明します。

第2章　統　治

1 国　会

憲法43条
1項　両議院は、全国民を代表する選挙された議員でこれを組織する。

設問1
国会議員について、リコール制度を導入することができるか？

通説は、命令委任を否定します。

したがって、リコール制度を導入することはできません。

命令委任の否定とは、議員は、**全国民を代表**するのであり、特定の選挙区の選挙人の意思に拘束されるものではないということです（憲法43条1項参照）。

《関連事項》権力的契機と正当性の契機

国民主権には、2つの意味があります。

権力的契機を強調すると、国民が国政を決定することが国民主権だということになります。

この場合、国民とは、選挙人のことであり、全国民のことではありません（たとえば、子供は国民に含まれないことになる）。

権力的契機を強調する考え方は、直接民主制の考え方に結びつきやすく、また、リコール制を含めた命令委任の考え方（議員は選挙人の意思に反して行動してはいけない）につながります。

これに対して、正当性の契機を重視すると、国民主権は、国家権力の正当性の根拠を意味することになります。

議員は、選挙人だけではなく全国民の代表としての地位を有します。

これにより、民主主義の原理である「統治する者と統治される者の自同性」

の関係を生じます。

全国民には、選挙権を有しない者を含むため、国民が実際に統治をすることはできず、民主政は、間接民主制を意味します。

また、命令委任は、否定されることになります。

憲法41条
国会は、国権の最高機関であつて、国の唯一の立法機関である。

憲法41条の立法は、実質的意味の立法をいいます。

形式を問わず、法規範は、全国民の代表である国会が制定すべきことが憲法上の要請です。

したがって、法律の形式をとらずに、行政機関が独立命令の形式で法規範を制定することは、憲法41条に違反します。

→なお、法律の委任を受けて、行政機関が政省令を制定すること（委任命令）は、否定されない。法律を執行するための執行命令も同様である。

設問 2

国会中心立法の意義は何か？　また、その例外を挙げよ。

国会中心立法とは、国会が、立法権を**独占**することをいいます。

その例外は、次のものがあります。

1．議院規則
2．裁判所規則
3．政令
4．条例

以上、いずれも、国会の関与がないのに、法規範が制定される場合です。

設問 3

国会単独立法の意義は何か？　また、その例外を挙げよ。

国会単独立法とは、法律等の制定について、国会以外の機関は関与しないという意味です。

その例外は、次のものがあります。

1．内閣の法律案の提出権（憲法72条）
2．憲法改正の国民投票（憲法96条）
3．一の公共団体にのみ適用される特別法の住民投票（憲法95条）

以上、いずれも、国会のほかに、他の機関も立法に関与するケースです。

■用語解説■　国会とは？

国会は、衆議院および参議院の両議院で構成される（憲法42条）。

したがって、参議院の緊急集会は、国会ではない。

宿題1　上記の2および3のほか、国政について、憲法上、直接民主制の原理が採用されている制度はあるか？

宿題1の解答▼

あります。

最高裁判所裁判官の国民審査の制度です（憲法79条2項）。

設問4

憲法41条は、国会は、国権の最高機関であると規定しているが、その意味は何か？

法的な意味はないという考え方（政治的美称説）が、通説です。

国会が、国民の代表機関として、国政の中枢的地位に立つ重要な機関であることを政治的に強調した規定であるとされています。

《関連事項》統括機関説

政治的美称説の反対説が、統括機関説です。

国会は、国権の統括機関であり、他の二権に優先するという考え方です。

設問 5

議院規則の所管事項について、法律で定めることはできるか？
また、その場合、法律と議院規則が競合したときは、いずれが優先するのか？

議院規則の所管事項について、法律で定めることができます（通説）。

また、競合が生じた場合は、法律が優先します（通説）。

その理由は、法律は両議院の合意により制定されるのに対して、議院規則は一院のみの合意によるので、法律の形式的効力が優位するためです。

→これに対して、法律が優先すると、参議院の自律権が害されるという反論がある。

設問 6

裁判所規則の所管事項について、法律で定めることはできるか？
また、その場合、法律と裁判所規則が競合したときは、いずれが優先するのか？

裁判所規則の所管事項について、法律で定めることができます（通説）。

また、競合が生じた場合は、法律が優先します（通説）。

国会は、唯一の立法機関であるから、制定された法律には、憲法に次ぐ効力が認められると解されるためです。

また、裁判所規則には、民主的基盤がないことも、法律優位説の根拠となります。

設問 7

委任命令における委任は、どの程度の具体性を要するか？

一般的、包括的な委任は許されず、個別、具体的に特定の事項に限ってなされなければなりません（最大判昭25.2.1）。

委任命令を無制限に認めると、法治主義の原理が破壊されることになるためです。

■用語解説■　命令

国の行政機関が制定する法形式を総称して、命令という。

政令、省令がこれに当たる。

宿題2｜　法律が、政令に委任した事項を、政令がさらに省令に委任することができるか？

宿題3｜　行政機関が、執行命令を制定する場合、法律の委任は必要か？

設問8

憲法上、次の機関が法律案を提出することが認められるだろうか？

1．内閣

2．裁判所

1について

内閣による法律案の提出は、認められます（通説）。

行政官僚が立法作業に参加する必要性があること、内閣の法律案提出権を否定しても内閣総理大臣と国務大臣の過半数は国会議員であるから、その資格で法律案を提出できるので、否定説には意味がないことなどがその理由です。

また、内閣の法律案提出権を認めても、国会にはこれを否決する自由があるため、国会を唯一の立法機関として定めた憲法41条に違反することはないとも説明されています。

通説は、憲法72条の「内閣総理大臣は、内閣を代表して議案を国会に提出し、一般国務及び外交関係について国会に報告し、並びに行政各部を指揮監督する。」という規定の「議案」には、「法律案」が含まれると解します。

2について

裁判所の法律案提出権は、認められません（通説）。

裁判所は、法の番人として、国会とは緊張関係に立つべきであり、自身が原案を作り、後に違憲判決をすることができると不都合が生じるためです。

《関連事項》司法積極主義と司法消極主義

国会は、多数決で、法律を制定します。

このため、少数派の人権が抑圧される可能性が生じます。

この点を救済する憲法の番人としての裁判所の立場からは、積極的に憲法判断をすべきであるという、司法積極主義が導き出されます。

これに対して、司法権には民主的基盤がなく、全国民の代表である国会議員により構成される国会の意思を尊重すべきとの考え方からは、司法消極主義が導き出されます。

《関連事項》憲法判断回避の準則

司法消極主義の立場から、憲法問題が提出されたときにも、訴訟要件や法令の解釈によってその事件を解決することができるときは、憲法問題についての判断をしないという原則を、憲法判断回避の準則といいます。

憲法判断回避の準則を認めてよいとするのが、判例・通説です。

宿題の解答▼

宿題2

再委任は、可能です（最大判昭26.12.5）。

宿題3

法律の委任は不要です。

執行命令は、法律（または上級の命令）の規定を実施するための細則を定める命令を意味します。

設問9

衆議院議員の4年、参議院議員の6年という任期は、憲法において定められているか？

憲法に定めがあります（憲法45条、46条）。

参議院議員については、3年ごとに半数を改選することも、憲法に規定されています。

設問10

同時に、両議院の議員となることはできるか？

できません（憲法48条）。

設問11

両議院の議員の歳費が、任期中に減額されることはあるか？

あります。

憲法49条は「両議院の議員は、法律の定めるところにより、国庫から相当額の歳費を受ける。」と定めますが、歳費の減額をすることができないとは規定していません。

この点、裁判官は、「すべて定期に相当額の報酬を受ける。この報酬は、在任中、これを減額することができない。」と規定されることと対比されます（憲法79条6項、80条2項）。

設問12

国会の会期には、どういう種類があるか？

会期とは、国会が活動の能力を有する期間を意味します。

これには、次の3つがあります。

1．常会

毎年、1回召集されます（憲法52条）。

会期は150日ですが、延長をすることができます。

2．臨時会

内閣は、国会の臨時会の召集を決定することができます。いずれかの議院の総議員の4分の1以上の要求があれば、内閣は、その召集を決定しなければなりません（憲法53条）。

3．特別会

衆議院が解散されたときは、解散の日から40日以内に、衆議院議員の総選挙を行い、その選挙の日から30日以内に、国会を召集しなければなりません（憲法54条１項）。

これを、特別会といいます。

《関連事項》**会期の延長**

会期の延長は、常会では１回、特別会・臨時会では２回を超えてはなりません（国会法12条２項）。

《関連事項》**衆議院の優越**

会期の延長および特別会・臨時会の会期は、両議院の一致の議決で定めます。

しかし、両議院の議決が一致しないとき、または参議院が議決しないときは、衆議院の議決したところによります（国会法11条、12条、13条）。

●展開●　会期不継続の原則

会期中に議決に至らなかった案件は、後会に継続しないという原則です（国会法68条本文）。

ただし、閉会中に委員会で審議した案件と、懲罰事犯の件は、後会に継続します（同条ただし書）。

◆一問一答◆

問　憲法は、「国会」と「議院」を別の意味で用いている。それぞれどういう意味か？

答　国会は、衆議院と参議院の双方が車の両輪である。両方が揃って初めて国会といえる。これに対して、議院とは、衆議院または参議院のそれぞれの一方のことを意味する。

設問13

衆議院に先議権が認められる場合を挙げよう。

予算は、さきに衆議院に提出しなければなりません（憲法60条１項）。

衆議院に先議権が認められるのは、予算のみです。

◆一問一答◆

問　条約の承認、法律案の審議について衆議院に先議権はあるか？

答　ない。

設問14

衆議院のみが、法的に効果のある決議をすることができる場合はあるか？

内閣不信任決議案の可決または内閣の信任決議案の否決です（憲法69条）。

内閣は、衆議院で不信任の決議案を可決し、または信任の決議案を否決したときは、10日以内に衆議院が解散されない限り、総辞職をしなければなりません。

これに対して、参議院が内閣不信任決議等をすることはできますが、その決議には、法的な効果が生じません。

設問15

衆議院と参議院の議決が相違するときに、衆議院の議決が国会の議決となる場合を挙げよう。

次の場合があります。

1．予算についての議決（憲法60条２項）
2．条約の承認についての議決（憲法61条、60条２項）
3．内閣総理大臣の指名（憲法67条２項）

●展開●　両院協議会

上記のケースで、衆議院と参議院の議決が相違するときは、必ず、両議院の協議会が開催され、これによっても意見が一致しないときに、衆議院の議決を国会の議決とします。

→両院協議会をしなければ、参議院の意思決定が全く無視されることとなるため。

宿題 4 | 両院協議会は、公開されるか？

設問16

設問15のケースで、参議院が議決をしないときは、どういう法的効果が与えられるか？

予算および条約の承認については、参議院が可決した予算または条約を受け取った後、国会休会中の期間を除いて30日以内に議決しないときは、衆議院の議決が国会の議決とされます。

内閣総理大臣の指名については、衆議院が指名の議決をした後、国会休会中の期間を除いて10日以内に参議院が議決しないときは、衆議院の議決が国会の議決とされます。

→内閣総理大臣の指名は、国政に空白期を作らないための緊急案件なので、期間が短くなっている。

宿題 4 の解答▼

両院協議会は、非公開です（国会法97条）。

設問17

法律案は、原則として、両議院で可決したとき法律となるものとされるが、衆議院と参議院の議決が相違するときは、いずれの議決を優先するか？

衆議院で可決し、参議院でこれと異なった議決をした法律案は、衆議院で出席議員の 3 分の 2 以上の多数で再び可決したときは、法律となります（憲法59条 2 項）。

●展開●　両院協議会

法律案について、衆議院と参議院が異なった議決をした場合、衆議院は、両議院の協議会を開くことを求めることができます（憲法59条３項）。

参議院の否決により、衆議院での再議決を要することになるという法的効果が生じるので、両院協議会の開催は任意的とされています。

→両院協議会をしなくても、参議院の意思決定が全く無視されることにはならないため。

設問18

設問17のケースで、参議院が議決をしないときは、どういう法的効果が与えられるか？

参議院が、衆議院の可決した法律案を受け取った後、国会休会中の期間を除いて60日以内に議決しないときは、衆議院は、参議院がその法律案を否決したものとみなすことができます（憲法59条４項）。

その後、衆議院で出席議員の３分の２以上の多数で再び可決したときは、その法律案が、法律となります（憲法59条２項）。

→法律の制定は、慎重にすべしという考え方から、否決とみなされる期間は、60日という長期間になっている。

確認事項　衆議院の優越

憲法が、衆議院の優越を認めた規定は、以上で終了です。

たとえば、憲法改正の発議（憲法96条１項）、皇室の財産授受に関する議決（憲法８条）、予備費支出の承諾（憲法87条２項）について、両議院の地位は、対等です。

●展開●　一事不再議の原則

ひとたび否決された議案は、同一の会期中、再び提出できないとする原則を、一事不再議の原則といいます。

憲法59条２項が、例外的に、再議決を認めていることから、この原則は、憲法上の要請であるとされています。

設問19

衆議院が解散されたときは、参議院はどうなるか？

解散と同時に閉会します（憲法54条２項）。

国会は、衆議院と参議院の両院で構成されるので、一方が欠けたときは、他方が当然に閉会するという趣旨です。

設問20

参議院の緊急集会について考えよう。

1．衆議院議員の任期が満了したときに、緊急集会を召集することができるか？

2．一定数の参議院議員が、緊急集会の召集を請求することができるか？

3．緊急集会に会期の定めはあるか？

4．緊急集会においてとられた措置が、効力を失う場合はあるか？

１について

できません。

緊急集会は、衆議院が**解散**された場合にのみ開催することができると解されます（憲法54条２項）。

２について

できません。

憲法54条２項但書は、「**内閣**は、国に緊急の必要があるときは、参議院の緊急集会を求めることができる。」と定めています。

３について

ありません。

緊急集会は、国会ではないので、会期という考え方は存在しません。

また、緊急の案件を処理することが目的なので、一定の期間をあらかじめ定める理由もありません。

４について

緊急集会においてとられた措置は、臨時のものであって、次の国会開会の後10日以内に、衆議院の同意がない場合には、その効力を失います（憲法54条３項）。

設問21

両議院の議決要件は、どのように規定されているか？

各議院において、定足数は、総議員の３分の１以上の出席です。

議事は、出席議員の過半数でこれを決し、可否同数のときは、**議長**の決するところによります（憲法56条１項・２項）。

設問22

両議院の議決要件として、出席議員の３分の２以上により決するという特別多数の規定がある場合を挙げよ。

次の場合です。

1．資格争訟事件で、議員の資格を失わしめる場合（憲法55条ただし書）
　→被選挙権の有無や、兼職禁止規定への違反など、議員の資格に関する争訟である。司法権が介入することができない。
2．秘密会とする場合（憲法57条１項）
　→両議院の会議は、原則として公開を要するところ、これを秘密会とするとき。
3．懲罰により議員を除名するとき（憲法58条２項ただし書）
　→出席停止の懲罰など、除名以外の懲罰は、特別多数を要しないことに注意のこと。
4．法律案についての衆議院の再議決（憲法59条２項）

《関連事項》**憲法改正の発議**

憲法の改正は、各議院の総議員の３分の２以上の賛成で、国会が、これを発議します（憲法96条１項）。

→非常に厳格な決議要件である。

◆一問一答◆

問 各議院の出席議員の3分の2以上の賛成で、国会が、憲法改正の発議をすることができるか？

答 できない。分母は「総議員」である。

設問23

議院の自律権とは、何か？

国会を構成する両議院が、その組織や活動などの内部事項について、他の機関の介入を受けずに自主的に定める権能をいいます。

たとえば、議員の資格争訟裁判や、懲罰の問題は、議院の自律権に属する問題であり、これについて司法権が介入することができません。
→たとえば、懲罰を受けた議員が、その不当を裁判所に訴えることはできない。

参考判例

裁判所の法令審査権は、国会の両院における法律制定の議事手続の適否には及ばない（警察法改正無効事件　最大判昭37.3.7）。
→裁判所は、両院の自主性を尊重すべしという趣旨。

設問24

両議院の議員は、国会の会期中逮捕されないとされているが、その例外はあるか？

いわゆる議員の不逮捕特権の問題です（憲法50条）。

次の場合が、例外として、逮捕される場合となります（国会法33条）。
1．院外の現行犯のとき
2．議院の許諾のあるとき

●展開●　条件、期限付の逮捕許諾の可否

条件、期限付の逮捕許諾の可否については、争いがあります。

不逮捕特権の本質を、議員の身体の自由の保障にあるとみれば、逮捕は、正当かそうでないかの二者択一であり、条件・期限付逮捕許諾は認められないことになります。

しかし、不逮捕特権の本質を、審議体としての議院の活動の保障にあるとみれば、ある審議に影響のない期間のみ逮捕の許諾をするといった、条件・期限付逮捕許諾は認められることになります。

宿題5｜　参議院の緊急集会中において、議員の不逮捕特権は保障されるか？

設問25

憲法51条は「両議院の議員は、議院で行つた演説、討論又は表決について、院外で責任を問はれない。」と規定する。これを議員の免責特権という。

1．上記の保障は、国会の会期中に限るか？
2．院内で責任を問われることはあるか？
3．院外で政治責任を問われることはあるか？

1について

国会の会期中に限りません。

→不逮捕特権と相違する。

憲法51条の「議院で行つた」とは、会期外でも、また、場所が議院の外でも、議院の活動として行った演説・討論などを含みます。

2について

院内で責任を問われることはあります。

たとえば、演説の内容いかんでは、懲罰の対象になることがあります。

→憲法58条2項は、両議院は、院内の秩序をみだした議員を懲罰することができると規定する。

3について

院外で、政治責任が生じることはあります。

憲法51条により免責されるのは、民事・刑事上の責任です。

宿題5の解答▼

参議院の緊急集会における不逮捕特権が、憲法上、保障されるかどうかは争いがあります。憲法50条は、国会の会期中の不逮捕特権を規定するところ、緊急集会は、国会の会期に当たらないためです。

→なお、国会法100条1項は、参議院の緊急集会における議員の不逮捕特権を定めている。

参考判例

地方議会における議員の発言について、免責特権が憲法上保障されるとする根拠はない（最大判昭42.5.24）。

→免責特権は、議院の自律性の確保が目的であるとされる。地方議会においては、これと同様の自律性は保障されない。

国会議員が国会の質疑、演説、討論などでした個別の国民の名誉または信用を低下させる発言について、国家賠償法による国の損害賠償責任が肯定されるためには、その国会議員が、その職務とはかかわりなく違法または不当な目的をもって事実を摘示し、あるいは、虚偽であることを知りながらあえてその事実を摘示するなど、国会議員がその付与された権限の趣旨に明らかに背いてこれを行使したものと認めることができる特別の事情があることを要する（最判平9.9.9）。

→国会議員の演説等は、原則として、国家賠償法上の違法行為には当たらないという趣旨。

設問26

憲法73条３号は、条約の締結を内閣の権能としながら、事前に、時宜によっては事後に、国会の承認を経ることを必要とすると規定する。

次の場合、条約の効力は生じるか？

１．事前に国会の承認を得ることができなかったとき。

２．事後に国会の承認を得ることができなかったとき。

１について

条約は、不成立となります（通説）。

事前の承認を得ることができないときは、条約の批准をすることができません。

→条約は、通常は、交渉、調印、批准の順で締結される。批准により条約は確定する。

２について

事後の承認が得られなかったときについては、諸説あります。

国会の承認権が相手国に周知の場合には国際法上の効力を否定できるとする説（条件付無効説）や、国際法上の効力は否定できないが、条約の締結手続が憲法上の明白かつ基本的に重要な規定に違反するときは国内法的に実施をすることができないとする説などがあります（国際法・国内法二分説）。

設問27

国政調査権の法的性質について、通説的な見解を述べよう。

憲法62条は、「両議院は、各々国政に関する調査を行ひ、これに関して、**証人の出頭**及び**証言**並びに**記録の提出**を要求することができる。」と規定します。

これが、国政調査権であり、両議院がその権能を行う上で、必要な資料を集めるために国政を調査する権限です。

その法的性質は、各議院の有する立法、予算審議、行政権の監督などの権能を適切に行使するための**補助的権能**にすぎないという見方が、通説です。

これを、補助的権能説といい、憲法41条の解釈における政治的美称説から導かれます。

→憲法41条において統括機関説をとると、国政調査権について独立権能説が導かれる。国政調査権は、国会が統括機関としての地位に基づく権能であるということになる。

→もっとも、補助的権能説、独立権能説のいずれをとっても、調査の対象については、大差はないものとされている。

設問28

次のような国政調査は、許されるか？
1．特定の者が犯罪行為を行ったかどうかの調査。
2．家宅捜索や物品の押収など。

1について

許されません。

議院の権能に属しない調査だからです。

2について

許されません。

憲法62条の明文に反します。

設問29

国務大臣は、両議院に出席する権利を有するか？　また、義務はどうか？

いずれも有します。

憲法63条は、「内閣総理大臣その他の国務大臣は、両議院の一に議席を有すると有しないとにかかはらず、何時でも議案について発言するため議院に出席することができる。又、答弁又は説明のため出席を求められたときは、出席しなければならない。」と規定します。

2 内　閣

憲法65条
行政権は、内閣に属する。

設問1
通説によると、行政権はどのように定義されるか？

行政権とは、すべての国家作用のうちから、立法作用と司法作用を除いた残りの作用をいいます（控除説）。

行政権には、多種多様な作用が含まれる（出生届の受理もロケットの打ち上げも行政作用）ので、積極的な定義をしないという立場です。

設問2
憲法65条は、すべての行政を、内閣の下に置くことを要求しているのだろうか？

憲法65条は、内閣が唯一の行政機関であるとは、規定していないため、すべての行政を、内閣の下に置くことまでは、要求していないという考え方が通説です。

具体的には、内閣の監督から独立する、独立行政委員会の合憲性が問題となります。
→公正取引委員会、国家公安委員会、人事院など。

諸説ありますが、憲法65条は、内閣が、行政全般について直接の指揮監督をすることまでを要求するものではないと解されます。

◆一問一答◆

問 憲法に、国会が「唯一の」立法機関であるという規定は存在するか？

答 存在する（憲法41条）。

設問３
参議院議員を内閣総理大臣とすることができるか？

できます。

内閣総理大臣は、国会議員の中から、国会の議決で指名されます（憲法67条１項前段）。

設問４
国務大臣は、誰が、任免するのか？

内閣総理大臣が、任命し、また罷免します（憲法68条１項・２項）。

内閣総理大臣は、内閣の首長です（憲法66条１項）。

首長は、内閣において、他の国務大臣の上位にあり、その中核にある者を意味します。

→なお、内閣総理大臣を任命するのは、天皇である（憲法６条１項）。

設問５
国会議員でない者を、国務大臣とすることができるか？

できます。

国務大臣は、その過半数を、国会議員の中から選ばなければならないものとされています（憲法68条１項）。

設問６
文民でない者を、国務大臣とすることができるか？

できません（憲法66条2項）。

また、内閣総理大臣も、文民であることを要します。

《関連事項》文民とは？

文民とは、国の武力組織に職業上の地位を有せず、現在、自衛官である者および過去において軍人の経歴をもち、かつ、軍国主義思想の持ち主である者以外の者であるとするのが政府見解です。

→現役の自衛官は、文民ではないが、過去、軍人であった者は、軍国主義思想の持ち主でなければ、文民である。

設問7

内閣は、自ら総辞職をすることができるか？
また、どういう場合に、総辞職をしなければならないか？

内閣は、自ら総辞職をすることができます。

また、次の場合には、総辞職をしなければなりません。

1．衆議院で、内閣の**不信任決議案が可決**されまたは**信任決議案が否決**されたとき（憲法69条）

この場合、10日以内に、衆議院が解散されない限り、総辞職をしなければなりません。

2．内閣総理大臣が欠けたとき（憲法70条前段）

死亡、失格、辞職により内閣総理大臣が欠けた場合です。

3．衆議院議員総選挙後に初めて国会の召集があったとき（憲法70条後段）

内閣総理大臣の選任の主体である、衆議院のメンバーが入れ替わったことにより、総辞職をします。

設問8

内閣の総辞職後に、内閣がその職務を行うことはあるか？

総辞職後、内閣は、新たに内閣総理大臣が任命されるまで、引き続きその職務を行います（憲法71条）。

設問9

政令には、主任の国務大臣の署名と、内閣総理大臣の連署を要するか？

要します。

憲法74条は、「法律及び政令には、すべて主任の国務大臣が署名し、内閣総理大臣が連署することを必要とする。」と規定します。

■用語解説■　主任の国務大臣

主任の国務大臣とは、各省の長として、行政事務を分担する国務大臣のことである。

これに対して、行政事務を分担しない国務大臣を無任所大臣という。

設問10

主任の国務大臣の署名または内閣総理大臣の連署を欠く法律や政令は、効力を生じるか？

効力を生じます。

法律は国会の議決、政令は閣議決定により、すでに成立しています。

設問11

閣議決定は、なぜ、全員一致によることが慣例とされるのか？

憲法66条3項が、「内閣は、行政権の行使について、国会に対し連帯して責任を負ふ。」と定めるからです。

ここに、責任とは、政治責任の意味ですが、連帯して責任を負うためには、全員の一致を要します。

→政治責任とは、制裁を伴う法的責任ではないということ。

設問12

内閣が、衆議院の解散権をもつことは、議院内閣制の本質であるといえるか？

次の2つの考え方によって、相違があります。

1．責任本質説

議院内閣制の本質は、内閣が国民の代表である**国会に責任を負う**ことにあると考えます。

この説によれば、内閣が国会を解散することが、議院内閣制の本質と考えることができません。

2．均衡本質説

内閣が国会に責任を負うことのほかに、**国会と内閣の対等性**を議院内閣制の本質とします。

この説によれば、内閣の解散権は、議院内閣制の本質となります。

一般論として、責任本質説からは解散権の範囲を狭くとる立場、均衡本質説からは広くとる立場が導き出されます。

しかし、責任本質説からも、解散が、民意を問う手段であることを重視して、憲法69条以外の場合の解散を認めることも可能です。

設問13

衆議院の解散については、大別して、憲法69条が規定する内閣不信任決議等がされた場合に限るという説と、その他の場合も解散をすることができるという説がある。

後者には、いかなるものがあるか？

次の説があります。

1．憲法7条説（通説）

憲法7条3号は、天皇に解散権を認めています。

この条文の解釈として、天皇が自らの意思で解散をすることができると読むことはできません。

しかし、内閣の助言と承認に基づいて天皇が解散をするのだから、解散を決定する主体は内閣であり、天皇の解散権は、形式的・儀礼的なものと考えることにより、憲法7条3号による内閣の解散権を導き出す考え方です。

2．憲法65条説

行政控除説の考え方を基に、解散権は、立法権にも司法権にも属しないから、行政権の一部として内閣が、これを行使することができるという説です。

3．制度説

均衡本質説の立場から、解散権は議院内閣制の本質であり、わが国の憲法が議院内閣制を採用することが、内閣の解散権の根拠になるという考え方です。

4．自律解散権説

衆議院が、自らを解散することができるという考え方です。

国会は、国権の最高機関であることを根拠にしています。

3 裁判所

憲法76条

1項　すべて司法権は、最高裁判所及び法律の定めるところにより設置する下級裁判所に属する。

2項　特別裁判所は、これを設置することができない。行政機関は、終審として裁判を行ふことができない。

3項　すべて裁判官は、その良心に従ひ独立してその職権を行ひ、この憲法及び法律にのみ拘束される。

司法とは、具体的な争訟について、法を適用し、宣言することにより、これを裁定する国家の作用であると定義されます。

ポイントは、**「具体的な争訟について」**という部分です。

具体的な事件が発生して、その後に、その紛争を解決するために、司法権が発動されます。

→具体的な争訟は、裁判所法3条1項の「法律上の争訟」と同じ意味で使われる。

参考判例

司法権が発動されるためには、具体的な争訟事件が提起されることを必要とする。具体的な争訟事件が提起されないのに、将来を予想して憲法などの解釈に対して存在する疑義の論争について抽象的な判断を下す権限を有するものではない（警察予備隊違憲訴訟　最大判昭27.10.8）。

→警察予備隊（自衛隊の前身）が、違憲であることの確認を求める訴訟で、抽象的違憲審査権を否定した判例。

→違憲審査権は、司法権の範囲内において、つまり具体的な争訟事件において発動される。これを、付随的違憲審査権という。

裁判所法3条（裁判所の権限）

1項　裁判所は、日本国憲法に特別の定のある場合を除いて一切の法律上の争訟を裁判し、その他法律において特に定める権限を有する。

宿題1　裁判所法3条1項の、「その他法律において特に定める権限」とは何か？

◆一問一答◆

問　裁判官が、何かに拘束されることはあるだろうか？

答　ある。拘束される何かとは、憲法と法律である（憲法76条3項）。

設問１

法律上の争訟とは、何を意味するか？

判例によれば、法律上の争訟は、次の意味です（最判昭56.4.7）。

1．当事者間の具体的な権利義務ないし法律関係の存否に関する紛争である。
→具体的紛争の存在
2．かつ、法律を適用することによって終局的に解決をすることができるものである。
→法律の適用による解決可能性

宿題１の解答▼

具体的な争訟がなくても、訴えを提起することができる場合が、法律に定められています。

これを、客観訴訟といいます。
→具体的な争訟に係る訴訟は、主観訴訟という。

たとえば、本書で既出の事件としては、次の事例です。

1．住民訴訟（地方自治法242条の２第１項・２項）
津市地鎮祭事件（最大判昭52.7.13）など、憲法の政教分離規定との関連で、地方公共団体のした支出を違法なものとして、住民が訴えの提起をした一連の事件です。
→住民と市などの間に、具体的な争訟は、存在しない。
2．選挙訴訟（公職選挙法203条、204条）
１票の価値をめぐる、衆・参両議院の選挙無効確認の訴えが、その典型例です。
→選挙人と国の間に、具体的な争訟は存在しないケース。

設問2

次の事件は、法律上の争訟に、当たるか？

1．技術士試験の合格・不合格の判定に係る争訟。

2．宗教の本尊がニセモノだとして、その建立のためにした寄付の無効を主張した事件。

いずれも、法律上の争訟には、当たりません。

したがって、訴訟要件を満たさず、訴えは却下されます。

その結果、司法上、原告側の救済がされることはないことになります。

1について

法律上の争訟のうち、「具体的紛争の存在」の要件は満たします。

しかし、「法律の適用による解決可能性」の要件を満たしません。

技術士試験の合格・不合格の判定基準は、六法全書には、書いていないためです。

2について

この問題も、「具体的紛争の存在」の要件は満たします。

また、この訴訟は、民法95条の錯誤に基づく取消しによる寄付の無効を主張しており、一見すると、「法律の適用による解決可能性」の要件を満たしそうです。

しかし、重要な錯誤があったかどうかは、ご本尊がホンモノであるかについての判断を要することになります。

六法全書には、ご本尊がホンモノであるかどうかについての判断基準は書いていないので、この事例もやはり法律を適用することによって終局的に解決をすることができるものではありません。

参考判例

裁判所が審判することができる対象は、裁判所法3条のいう「法律上の争訟」に限られるから、単に政治的、経済的または技術上、学術上の争いは、裁判を受けることができる事柄ではなく、技術士国家試験の合否の判定は、

司法審査の対象とはならない（最判昭41.2.8）。

訴訟が具体的な権利義務ないし法律関係に関する紛争の形式をとっており、信仰の対象の価値ないし宗教上の教義に関する判断が、請求の当否を決するための前提問題にとどまるときでも、その問題が訴訟の帰すうを左右する必要不可欠のものであり、紛争の核心となっているときは、その訴訟は、裁判所法３条にいう法律上の争訟にはあたらない（板マンダラ事件　最判昭56.4.7）。

→創価学会の会員が、正本堂に安置するご本尊（板マンダラ）がニセモノであるとして、錯誤による不当利得として、寄付の返還を求めた事件。

特定の者の宗教団体の宗教活動上の地位の存否を審理判断するについて、その宗教団体の教義ないし信仰の内容に立ち入って審理・判断することが不可欠な場合には、その者の代表役員の地位の確認を求める訴えは、裁判所法３条の法律上の争訟には当たらない（日蓮正宗管長事件　最判平11.9.28）。

設問３

判例は、地方議会の議員に対する除名処分や出席停止の懲罰は、司法審査の対象となるとしている。これは議院の自律権の問題であるといえるか？

議院の自律権の問題ではありません。

議院の自律権は、国民を直接代表する国会について、他の機関の干渉を排し、自由な活動を保障するという意味です。

→国政レベルでの三権分立の要請である。

たとえば、各議院における議員の資格争訟裁判や懲罰については、司法権の審査権は及びません。

これに対して、地方議会の議員に対する懲罰は、**「部分社会の法理」**に基づいて考慮すべきです。

部分社会の法理は、一般市民の法秩序と異なる部分社会では、憲法の規範とは異なる、その社会に特有の自律的な法規範を認めることができるので、その社会の内部の紛争については、司法審査の対象から除かれるという考え方です。

以上が、司法審査が及ばない理由なので、「部分社会の法理」においては、その部分社会の紛争についても、それが、一般市民の法秩序と直接の関係を有する重大事項については、国家の法秩序を適用する必要が生じ、司法審査の対象となります。

たとえば、地方議会のした議員の**除名処分**は、議員の身分の喪失に関する重大な事項であり、単なる内部規律の問題にはとどまらないため、司法審査権が及ぶものとされています（最大判昭35.3.9）。

さらに、議員が出席停止の懲罰を受けると、その議員は、住民の負託を受けた議員としての責務を十分に果たすことができなくなります。このため、出席停止の懲罰は、議会の自律的な権能に基づいてされたものとして、議会に一定の裁量が認められるべきであるものの、裁判所は、常にその適否を判断することができ、議員の**出席停止の懲罰**も司法審査の対象となるとしています（最判令2.11.25）。

この点、国政レベルの議院の自律権の問題では、各議院がした所属議員への懲罰は、それが除名であれ、出席停止であれ、司法審査権が及ばないことと相違します。

参考判例

大学における授業科目の単位の授与（認定）行為は、一般市民法秩序と直接の関係を有するものであることを肯認するに足りる特段の事情のない限り、司法審査の対象とはならない（富山大学単位不認定事件　最判昭52.3.15）。
→部分社会の法理により、司法審査権を否定した判例。

政党が組織内の自律的な運営として党員に対してした除名その他の処分の当否は、その処分が一般市民法秩序と直接の関係を有しない内部的な問題にとどまる限りは、裁判所の審査権は及ばない。また、その処分が一般市民と

しての権利利益を侵害するときでも、その処分の当否は、その政党が定めた規範が公序良俗に違反するなどの特段の事情があるかどうか、また、規範を有しないときは条理に基づいて、適切な手続に則ってなされたかどうかによって決すべきであり、その審理も以上の点に限られてなされるべきである（共産党袴田事件　最判昭63.12.20）。

→政党の場合、党員には入党の自由があり、その政党の規範は承知の上で入党したものと考えられるため、除名処分の場合にも、裁判所の審査は、手続上の問題に限られるとする趣旨である。

宗教団体内部でされた懲戒処分が、被処分者の宗教的活動を制限し、あるいは、その宗教団体内部の宗教上の地位に関する不利益を与えるものにとどまるときは、その処分に関する紛争を具体的な権利または法律関係に関する紛争ということはできない（最判平4.1.23）。

弁護士会による懲戒制度において、懲戒事由に当たるかどうか、どのような処分を選択するかについては、弁護士会の合理的な裁量に委ねられており、弁護士会のした懲戒処分は、全く事実の基礎を欠くか、裁量権の範囲を超えまたは裁量権を濫用したと認められる場合に限り、違法となる（最判平18.9.14）。

→弁護士に対する業務停止３か月の懲戒処分が、裁量権の逸脱または濫用には当たらないとされた事案である。

設問４
統治行為論とは、何か？

統治行為とは、国家機関の行為のうち、高度の政治性を有する行為であり、これについて法律的な判断をすることはできるが、その高度の政治性のために、裁判所の審査の対象とされないもののことです。

ポイントは、「法律的な判断をすることは**できる**」という点です。

事件は、法律上の争訟に当たり、法を適用することにより、具体的な紛争の解決をすることができるケースであるにもかかわらず、司法判断をしないという点に特徴があります。

この結果、権利の救済を求める原告の訴えは、却下されることになります。つまり、統治行為論を採用すると、常に、原告側の救済が否定されます。人権保障の面では問題のある考え方です。

しかし、判例は、統治行為論を採用しています。

その理由としては、司法権が、重大な政治問題に巻き込まれることは、司法の公正の要請に反するという点が挙げられます。

→政党間で対立する論争に、裁判所が決着をつけることになりかねないということ。

参考判例

衆議院の解散は、きわめて政治性の高い国家統治の基本に関する行為であり、こうした行為について、法律上の有効・無効を審査をすることは、それが訴訟の前提問題として主張されているときも、裁判所の権限の外にある（苫米地事件　最大判昭35.6.8）。

→衆議院の解散（憲法7条解散）により衆議院議員の地位を失った者が、その無効による、議員の地位の確認と歳費の支払を請求した事件である。その性質が、公務員の地位の確認訴訟であり、法律上の争訟に当たるが、統治行為であるとして司法判断をしないとした事案。

設問5

条約が憲法に違反するかどうかについて、司法審査が及ぶことはあるか？

司法審査が及ぶ可能性があります。

砂川事件（最大判昭34.12.16）は、日米安保条約は、国の存立の基盤にきわめて重大な関係をもつ高度の政治性を有し、その内容が違憲かどうかの法的判断は、高度の政治的判断と表裏をなすため、一見きわめて明白に違憲無効と認められない限りは、司法審査の範囲外であるとしました。

これは、原則として、高度の政治性を有する条約について、裁判所は、これを有効なものとして取り扱うという意味です。

この判例は、統治行為論を述べたものと解されることもありますが、しかし、「一見きわめて明白」な場合の違憲審査の可能性を残しているため、純粋な統治行為論とは相違します。

《関連事項》憲法と条約の関係

砂川事件で、判例は、条約に対する憲法判断の可能性を肯定しました。

したがって、判例は、憲法と条約の関係について、憲法優位説を採用したことになります。

憲法優位説は、次のことをその根拠とします。

1．憲法改正の困難性

国会の承認で足りる条約の承認に対して、憲法改正の手続が難しいことは、憲法の優位を物語るものです。

2．条約締結権の性質

条約締結権は、憲法が認めた国家機関の権能であるから、その根拠となる憲法を条約によって変更することができないことになります。

これに対して、条約優位説からは、条約に対して違憲審査をすることはできないことになります。

条約優位説は、次のことをその根拠とします。

1．国際協調主義

憲法の前文が、その基本理念として国際協調主義を採用しています。

2．憲法98条１項、81条

憲法98条は、憲法の規定に反する条約が無効であるとは規定していません。また、憲法81条は、最高裁判所の違憲審査の対象として条約を挙げていません。

設問6

裁判所が行政処分の執行停止をしたときに、内閣総理大臣が異議を述べることができるという制度がある（行政事件訴訟法27条）。

異議が述べられたときは、裁判所は執行停止をすることができず、また、すでにした執行停止を取り消さなければならないものとされているが、この規定は、司法権は裁判所に属するものとした憲法の規定に違反しないか？

合憲、違憲の両説があります。

合憲説は、裁判所のする執行停止は、公益判断に係る**行政作用**であるということを理由としています。

→公益判断は、政策上の問題であり、法適用の場面ではないということ。

憲法上、行政作用については、裁判所の判断が終局的なものである必要は生じないということです。

これに対して、執行停止が行政作用であろうとなかろうと、裁判所の判断の終局性が、司法の属性であることを理由とする違憲説も存在します。

設問7

憲法76条2項前段は、「特別裁判所は、これを設置することができない。」と定めるが、憲法において認められた特別裁判所には、どういうものがあるか？

次のものがあります。

1．国会議員の資格争訟の裁判（憲法55条）
2．裁判官の弾劾裁判（憲法64条）

宿題2｜　家庭裁判所は、特別裁判所に該当するか？

設問８

行政機関が、裁判をすることができるか？

できます。

憲法76条２項後段は、「行政機関は、終審として裁判を行ふことができない。」とのみ定めています。

たとえば、登記事件において、登記官のした処分に対して審査請求がされたときの法務局長（または地方法務局長）のした裁決は、行政機関のした裁判の１つです。

しかし、裁決は、終審ではなく、これに不服のある者は、裁決取消しの行政訴訟等を提起することができますから、憲法には違反しません。

宿題２の解答▼

家庭裁判所は、特別裁判所ではありません（最大判昭31.5.30）。

特別裁判所とは、通常の裁判所の系列から独立して設けられる裁判所を意味しますが、家庭裁判所は、通常の裁判所の系列に属します。

設問９

憲法76条３項は、「すべて裁判官は、その良心に従ひ独立してその職権を行ひ、この憲法及び法律にのみ拘束される。」と規定する。

ここにいう、良心とは、裁判官の個人的な良心を意味するのだろうか？

憲法76条３項の「良心」は、憲法19条の「良心」とは相違し、個人的な良心ではなく、裁判官としての客観的良心ないしは、裁判官の職業倫理を意味すると解するのが通説です。

→判例の立場は、必ずしも、明確ではない。

参考判例

裁判官が良心に従うとは、裁判官が有形無形の外部からの圧迫や誘惑に屈しないで、自己の内心の良識と道徳感に従うことを意味する（最大判昭23.11.17）。

設問10

最高裁判所の規則制定権について。

1．最高裁判所は、弁護士に関する事項について、規則を制定することができるか？

2．最高裁判所は、下級裁判所に関する規則を定める権限を、下級裁判所に委任することができるか？

1について

制定することができます（憲法77条1項）。

2について

委任することができます（憲法77条3項）。

参考判例

最高裁判所が規則を制定するとともに、これをめぐる訴訟の上告審を担当することができる（最決平3.2.25）。

→規則の制定に関する裁判官会議に出席した裁判官の忌避の申立てをすることができない。

設問11

裁判官が、公の弾劾によらずに、罷免されることはあるか？

あります。

裁判により、心身の故障のため、職務を執ることができないと決定された場合に罷免されます（憲法78条前段）。

→いわゆる、分限裁判である。

設問12

裁判官が、懲戒処分を受けることはあるか？

ありません。

憲法は、行政機関による裁判官の懲戒を禁じているにすぎません（憲法78条後段）。

→なお、立法機関がする裁判官の懲戒も否定される。したがって、裁判官の懲戒は、裁判所だけがすることができる。

設問13

次の裁判官に、任期はあるか？

1．最高裁判所の裁判官

2．下級裁判所の裁判官

1について

任期の定めはありません。

その代わり、国民審査の制度があります。

2について

任期は、10年です（憲法80条1項）。

再任も、可能です。

《関連事項》**定年**

裁判官には、定年があり、法律に定める年齢に達したときに退官します（憲法79条5項、80条1項但書、裁判所法50条）。

1．最高裁判所、簡易裁判所の裁判官

定年は、70歳。

簡易裁判所の裁判官は、地方裁判所の裁判官を退官した者が選任されることがある。

2．高等裁判所、地方裁判所、家庭裁判所の裁判官
　定年は、65歳。

設問14

最高裁判所の裁判官は、任命後初めて行われる国会議員選挙の際に、国民審査に付され、その後、10年を経過した後に、初めて行われる国会議員選挙において国民審査に付され、その後も同様とされるものと解してよいか？

よくありません。

最高裁判所の裁判官の国民審査は、衆議院議員総選挙の際に行われます。
国会議員選挙の際というのは、誤りです（憲法79条2項)。

《関連事項》任命完成説と国民解職制説

国民審査については、その法的性質に関して、大きく分けて2説があります。

任命完成説は、国民審査により、裁判官の任命行為を完成させるという考え方です。

この考え方からは、現行法において、白票が、任命を可とする投票と取り扱われることは、違憲の疑いが生じます。

これに対して、国民解職制説が、判例・通説です。

裁判官は、国民審査の前に、すでに任命行為により完全に裁判官の地位にあり、国民審査は、**リコール制**であるという考え方です。

この考え方によれば、白票を、罷免を可としない投票と取り扱うことは、投票者の意思に合致します。

国民解職制説は、憲法79条3項の「投票者の多数が裁判官の罷免を可とするときは、その裁判官は、罷免される。」という文言に素直な解釈です。

参考判例

国民審査の制度は、国民が裁判官を罷免すべきかどうかを決定するための制度であり、裁判官の任命を完成させるかどうかを決定するための制度では

ない（最大判昭27.2.20）。

設問15

司法権の独立とは、どういう意味か？

司法権の独立には、2つの意味があります。

1．司法府の独立

裁判所が、立法府、行政府という政治部門からの介入を受けないことを意味します。

2．裁判官の独立

個々の裁判が、他のいかなる権力や勢力からも独立して行われるという意味です。

裁判官の世界では、特定の裁判について、上意下達の関係があっては、いけないことになります。

設問16

憲法81条は、「最高裁判所は、一切の法律、命令、規則又は処分が憲法に適合するかしないかを決定する権限を有する終審裁判所である。」と規定する。

さて、上記の処分に、裁判は含まれるか？

裁判所の判決も、処分に当たり、違憲審査の対象となります（最大判昭23.7.7）。

たとえば、最高裁判所への抗告は、一般的には認められませんが、下級裁判所の決定・命令に憲法違反の疑いがあるときなどは、最高裁判所への抗告（特別抗告）が認められます。

設問17

下級裁判所は、違憲審査権を有するか？

下級裁判所は、違憲審査権を有します（最大判昭25.2.1）。

憲法81条は、最高裁判所が、違憲審査についての終審裁判所であると規定します。

これは、下級裁判所が、違憲審査権を行使することを否定する趣旨ではありません。

判例・通説である付随的違憲審査制の考え方によれば、具体的な争訟を解決するために、憲法判断を要するのは、最高裁判所に限った話ではないためです。

設問18

憲法判断の方式について、次の用語は、どういう意味であるか？

1．合憲限定解釈

2．法令違憲

3．適用違憲

1について

合憲限定解釈とは、ある法令における規制や禁止規定が、法文上は広汎にすぎて違憲の可能性があるときに、これを制限的に解することによって、法律を合憲とする方法です。

たとえば、次の事案があります。

・「淫行」について罰則を定めた条例について、その意味を、青少年一般に対する性行為ではなく、「青少年を単に自己の性的欲望の満足として扱っているとしか認められない性行為等」と限定的に解することにより、合憲であるとした例（福岡県青少年保護育成条例事件　最大判昭60.10.23）。

2について

法令違憲とは、ある事件に適用される法令そのものを違憲とする方法です。

尊属殺重罰規定違憲判決（最大判昭48.4.4）や薬事法距離制限違憲判決（最大判昭50.4.30）が、その例です。

3について

適用違憲とは、ある法令の規定が、その事件に適用される限りで違憲であるとする方法です。

法令自体は合憲であるが、これを適用した行政機関の手続等が違憲であったという事案です。

→適用違憲は、法令の中身の問題ではない。

■解説　合憲限定解釈と適用違憲

ある法令による規制について、合憲限定解釈をすることができるのであれば、その法令は、合憲です。

しかし、法令を執行する者が、その規制について、限定された解釈をせずに広い範囲の規制をしたときには、その限りで規制が違憲となります。

これが、適用違憲の問題です。

設問19
ある法令が、違憲とされた場合、その法令の効力は失われるか？

法令違憲の判決がされた場合でも、その法令は、その事件・当事者についてのみ無効となります。

これを、**個別的効力説**といいます。

通説です。

この説は、付随的違憲審査制の立場から、違憲判決の効果は、その事件についてのみ及ぶという考え方です。

反対説として、一般的にその法令の効力を失わしめるという考え方（一般的効力説）があります。

これは、憲法14条の平等原則を根拠としています。ある法令が、事件ごとに、適用されたり、適用されなかったりするのは、平等原則に反するので、一律に法令自体の効力を失わせるべきだということを根拠にします。

一般的効力説に対しては、元来、法令の廃止は立法作用であるので、司法府の判断により、一般的に法令の効力が失われると解することは、三権分立の考え方に反するという批判があります。

4 財 政

憲法83条

国の財政を処理する権限は、国会の議決に基いて、これを行使しなければならない。

憲法84条

あらたに租税を課し、又は現行の租税を変更するには、法律又は法律の定める条件によることを必要とする。

憲法83条は**財政民主主義**を、憲法84条は**租税法律主義**を、それぞれ定めます。

設問1

憲法84条の租税には、国民に対して課される各種の手数料や使用料などが含まれるか？

含まれます。

したがって、手数料や使用料などの定めについても、「法律又は法律の定める条件による」ことを要します。

設問2

条例で、租税を課することはできるか？

憲法84条は、「あらたに租税を課し、又は現行の租税を変更するには、法律又は法律の定める条件によることを必要とする。」と規定します。

上記の「法律」には、「条例」を含むという説もあります。

また、憲法84条の「法律」は、「条例」を含まないと解しても、法律の委任があれば、条例による課税は可能です。

条例には、地方議会という民主的基盤があるためです。

設問 3

従前は、課税されていなかった物品について、通達により課税することは、憲法84条の租税法律主義に違反するか？

通達の内容が、現に存在する法の正しい解釈に合致するときは、その課税は、通達を契機としてなされたものであっても、法の根拠があるので正当であるとされます（最判昭33.3.28）。

通達は、行政機関内部において、上級機関がその所掌事務について、下級機関に対して下す文書のことです。

上記の判例は、従前は、物品税が課されなかったパチンコ球遊器に、通達により課税されたことを不服とした者が提起しましたが、裁判所は、この点に関する通達行政を肯定しました。

設問 4

予算を国会に提出する機関は、何か？

内閣です。

憲法73条５号は、「予算を作成して国会に提出すること。」を内閣の事務として定めます。

予算とは、国の一会計年度における国の財政行為の準則と定義されます。

設問 5

予算の法的性質に関しては、３つの説がある。
それぞれ、いかなる考え方であるか？

次の3つの考え方があります。

1．予算行政説

予算は、行政計画にすぎないという考え方です。

単なる計画であり、法的な拘束力が予算に生じません。

この説には、予算に対する民主的なコントロールを弱める結果となり、財政民主主義に反するという批判があります。

→予算は、単なる見積表にすぎないことになってしまう。

2．予算法律説

予算は、法律であるという説です。

予算に対する国会のコントロールを強く及ぼそうという、財政民主主義を強調する説です。

→予算は、法的に、行政府を拘束することになる。

この説は、予算と法律の形式的な相違点を無視しているという批判が可能です。

たとえば、予算は内閣のみが発案できる点、衆議院の再議決の制度がない点、天皇による公布を要しない点などが、予算と法律は相違します。

また、法律は、一般に、国民を規制しますが、予算にはそういう性質はないことも相違点となります。

3．予算国法形式説

予算は、法律とは別の国法の形式であるという考え方です。

通説です。

予算は、国の財政行為の準則として、行政府を制約するので、法規範であるが、法律とは別の国法形式であると考えます。

この説は、予算に対して国会による民主的コントロールを及ぼしながら、法律と予算の形式上の差異にも配慮した考え方です。

設問６

国会は、次の予算修正をすることができるか？

1．予算を減額する修正

2．予算を増額する修正

1について

国会は、予算を減額する修正をすることができます。

もともと、国会は、予算の全部を承認しないこともできますから、一部不承認の実質である減額変更をすることができます。

→学説上の争いはない。

2について

予算の増額修正は、原案にない条項を加え、または、原案の条項の額を増額することを意味します。

憲法が、予算の作成権限を内閣に与えているため、新たな予算案の作成の実質を伴う増額修正をすることができるかについては争いがあります。

国法形式説によれば、内閣の予算提出権を損なわない程度で、つまり、予算の同一性を失わせない程度の増額修正はすることができるものと考えられます。

これに対して、予算行政説は、予算を行政行為と考えるので、原則として、国会の増額修正を認めません。

予算法律説では、もともと、法律の作成は国会の権能ですから、国会は、無制限に増額修正をすることができることになります。

なお、国会法には、国会が予算の増額を伴う修正をすることができることを前提とした規定が存在します（国会法57条の３）。

したがって、単純に、増額修正ができるかどうかを問われた場合は、できると解答してかまいません。

《関連事項》**決算**

憲法90条1項は、「国の収入支出の決算は、すべて毎年会計検査院がこれを検査し、内閣は、次の年度に、その検査報告とともに、これを国会に提出しなければならない。」と規定します。

決算は、**報告案件**であり、国会の承認を要するものではありません。

《関連事項》**予備費**

予見し難い予算の不足に充てるため、国会の議決に基いて予備費を設け、内閣の責任でこれを支出することができます（憲法87条1項）。

予備費の支出をしたときは、内閣は、事後に国会の承認を得なければなりません（憲法87条2項）。

5 地方自治

憲法92条

地方公共団体の組織及び運営に関する事項は、地方自治の本旨に基いて、法律でこれを定める。

設問1

地方自治の本旨とは、何か？

憲法92条が地方公共団体に保障する、**地方自治の本旨**とは、次の意味です。

1．住民自治

一定の地域における政治や行政が、その住民の意思によりされることを意味します。

これは、地方自治における民主主義の要素を意味しています。

→国家が、知事等を派遣することは、住民自治の原則に反する。

2．団体自治

一定の地域を基礎とする団体が、国家から独立してその事務を処理するという原則を意味します。

三権分立は国家機関の権限の水平的分配の問題ですが、団体自治は国家と地方自治体の権限の垂直的分配の問題です。

これは、地方自治における自由主義の要素を意味しています。

→地方公共団体が、国家の出先機関にすぎないという状況は、団体自治の原則に反する。

地方自治の性質について、憲法は、地方自治を制度的に保障しているという考え方が通説です。

地方自治の本旨について、その本質的な内容や核心を法律で奪うことは、憲法違反となります。

設問 2

憲法上、住民による直接選挙をすべきことが定められている、地方公共団体の機関は、何か？

次の機関です（憲法93条２項）。

1．地方公共団体の長

2．議会の議員

地方自治においては、民主主義は、直接民主主義的な理解がされます。

たとえば、町村においては、議会に代えて選挙権者による町村総会を置くことができます。

また、地方自治法には、住民による地方公共団体の長や、議員等のリコール制度が規定されています。

この点、国政レベルでは、国会議員は、全国民の代表とされ、リコール制度の導入はできないと解されていることと相違します。

設問3

東京都の特別区は、憲法92条の地方公共団体に当たるか？

当たりません（最大判昭38.3.27）。
したがって、東京都の特別区の長は、公選制によらないことも許されます。

設問4

憲法94条は、地方公共団体は法律の範囲内で条例を制定することができると規定する。
では、次の内容の条例を制定することは許されるか？
1．法令の規制よりも厳しい基準の規制（上乗せ規制）
2．法令が規制しない事項についての規制（横出し規制）

いずれも、状況によっては、可能です。

1について
法令とは別の目的による規制である場合、または法令と条例が同じ目的であっても、法令がその地方の実情に応じて別段の規制を行うことを容認しているときは、条例の規制は法令に違反しません。

2について
法律の趣旨が、その事項については、いかなる規制もすべきでないという趣旨であるときは、条例は法令に違反します。
しかし、法令の趣旨が、条例による規制を許容するときは、条例による規制をすることができます。

◆一問一答◆

問 判例によれば、条例制定権は、憲法上認められた地方公共団体の権能であるといえるか？

答 いえる（最大判昭37.5.30）。

参考判例

道路における集団行進等に対する道路交通秩序維持のための具体的な規制が、法令および条例の双方に重複して定められているときでも、両者の内容に矛盾がなく、条例が重複して規制することがそれ自体として特別の意義と効果を有し、かつ、その合理性が認められるときは、法令による規制は、条例の規制の及ばない範囲においてのみ適用される趣旨と解することが相当であるから、条例が法令に違反するものであるとすることはできない（徳島市公安条例事件　最大判昭50.9.10)。

設問 5

憲法95条は、「一の地方公共団体のみに適用される特別法は、法律の定めるところにより、その地方公共団体の住民の投票においてその過半数の同意を得なければ、国会は、これを制定することができない。」と規定する。

1．２以上の地方公共団体のみに適用される特別法について、憲法95条の住民投票を要するか？

2．憲法95条の住民投票は、国会中心立法と国会単独立法のいずれの例外規定であると解されるか？

1について

要します。

2について

国会単独立法の例外です。

6 憲法改正

憲法96条

1項　この憲法の改正は、各議院の総議員の3分の2以上の賛成で、国会が、これを発議し、国民に提案してその承認を経なければならない。この承認には、特別の国民投票又は国会の定める選挙の際行はれる投票において、その過半数の賛成を必要とする。

2項　憲法改正について前項の承認を経たときは、天皇は、国民の名で、この憲法と一体を成すものとして、直ちにこれを公布する。

設問1

憲法の改正に、限界はあるか？

たとえば、国民主権原理を廃止して、天皇主権とする憲法の改正は可能であるか？

両説あります。

無限界説は、素直な説です。

現行憲法は、天皇主権を定めた明治憲法を改正して定められたものです。

このときに、天皇主権から国民主権に憲法の理念を改めたので、その逆も可能とする考え方です。

限界説は、憲法改正には限界があると考えます。

こちらが、通説です。

たとえば、次の点を改正することはできないとします。

1．国民主権の原理

2．人権規定

3．憲法改正手続

限界説の論拠は、同一性を失わしめるほどの変化は、改正には当たらないということです。

このほか、人権規定の根本的規範性や、憲法制定権力が自らを否定する変更を許さないことなどを挙げます。

憲法制定権力は、憲法を定めた権力を意味するので、理念として、憲法の上位にあることになります。
→憲法改正手続は、憲法を定める権力を意味するので、これを改正することができないと限界説の論者は考えます。

7 平和主義

憲法9条
1項　日本国民は、正義と秩序を基調とする国際平和を誠実に希求し、国権の発動たる戦争と、武力による威嚇又は武力の行使は、国際紛争を解決する手段としては、永久にこれを放棄する。
2項　前項の目的を達するため、陸海空軍その他の戦力は、これを保持しない。国の交戦権は、これを認めない。

憲法9条の一般的な読み方について解説します。

1．憲法9条1項の「国際紛争を解決する手段としては、永久にこれを放棄する。」の意味

国際的な用語例から、「国際紛争を解決する手段として」の武力の行使とは、侵略戦争を意味します。
したがって、1項は、侵略戦争を放棄したのであり、自衛戦争は認められます。

2．憲法9条2項の「前項の目的を達するため」は、何を意味するか？

「国際紛争を解決する手段として」の武力行使をしないことを指します。
したがって、2項は、侵略戦争をするための戦力を保持しないという意

味であり、自衛のための戦力の不所持については、述べていません。

なお、2項の「前項の目的を達するため」を1項のいう平和主義全体を指すと考えると、2項において、自衛戦争のための戦力をも保持しない旨を定めたと考えることもできます。

参考判例

沖縄県における駐留軍基地の実情を考慮しても、同県内の土地を駐留軍の用に供することが、すべて不適切で不合理であることが明白であり、国が同県内の駐留軍用地特別措置法を適用することがすべて許されないということはできないから、同法の沖縄県内における適用は憲法に違反しない（沖縄県知事代理署名事件　最大判平8.8.28）。

☞トークタイム　国語力

憲法の出題では、いわゆる学説問題であるとか、長文中の空白部分を選択肢の文言で穴埋めをする問題がよく出題されます。この場合に解答の大きなカギを握るのが「国語力」です。これは、国語の読解力であり、文章の組み立てを明確化する作業のことをいいます。これには、「どの部分がどの部分の置き換えであるか」を見抜く作業が基本であり、そのテクニックとしていわゆる指示語や接続詞の読解があります。そのあたりのコツを知れば面白いように点が取れるようになります。この点は、拙著「オートマシステム総集編　短期合格のツボ」に詳しく書いています。

第2部

刑　　法

第1章　総　論

1 罪刑法定主義

罪刑法定主義は、「法律なければ刑罰なし。法律なければ犯罪なし。」という原則を意味します。

文字通り、罪と罰を、法律で定める主義と考えればよろしいでしょう。

設問1

憲法の次の規定は、罪刑法定主義の内容を表しているか？

1．憲法31条

「何人も、法律の定める手続によらなければ、その生命若しくは自由を奪はれ、又はその他の刑罰を科せられない。」

2．憲法39条

「何人も、実行の時に適法であつた行為又は既に無罪とされた行為については、刑事上の責任を問はれない。又、同一の犯罪について、重ねて刑事上の責任を問はれない。」

1について

憲法31条は、罪刑法定主義を表す規定であると解されます。

2について

憲法39条のうち、「何人も、実行の時に適法であつた行為については、刑事上の責任を問はれない」という部分（事後法の禁止）は、罪刑法定主義の内容です。

しかし、その他の部分、一事不再理と二重の危険の禁止は、罪刑法定主義とは無関係です。

設問2
罪刑法定主義は、誰の人権を保障するのか？

犯人（行為者）の人権を保障します。
国家による恣意的な刑罰権の行使を禁止することが、その主眼です。

設問3
罪刑法定主義の内容を挙げよ。

一般に、次のことが、罪刑法定主義の内容であるとされています。

1．慣習刑法の禁止

罪と罰は、成文法によらなければなりません。

なお、成文法があるときに、その解釈に慣習法が影響を及ぼすことは、否定されません。

たとえば、刑法175条（わいせつ物頒布等）の「わいせつ」の概念は、時代とともに変化することがあります。

2．絶対的不定期刑の禁止

刑期を定めない刑を絶対的不定期刑といいます。

これは「刑」を法定したことにならないため、禁止されます。

なお、刑期に一定の幅をもたせる、相対的不定期刑は、許容されます。
→相対的不定期刑は、少年法で、採用されている。

3．明確性の原則

刑罰法規は、明確でなければなりません。

国民の予測可能性に基づく行動の自由を保障するためです。

4．内容の適正

憲法31条は、刑罰法規の内容の適正をも保障するものであると、解されています。

形式的には、罪と罰を法律で定めても、両者のバランスを欠くときは、罪刑法定主義に反します。

→こそ泥に、死刑は許容されない。

5．類推解釈の禁止

直接には、法の明文がないときに、これと類似の規定を適用することを類推解釈といいます。

たとえば、刑法134条は、医師、薬剤師、助産師などについて秘密漏示罪を規定していますが、この規定を、明文規定のない看護師に類推適用することができません。

→民法の世界では、類推適用は日常的に行われる。民法94条２項類推適用、民法93条１項ただし書類推適用など。

なお、禁止されるのは、行為者に不利な類推解釈です。

行為者に有利な類推解釈は、行為者の自由を侵害しないので、自由にすることができます。

6．事後法の禁止

刑罰法規が、それが施行される前にさかのぼって適用されることはありません。

これが、事後法の禁止の原理です。

刑罰法規不遡及の原則といわれることもあります。

行為時に、罪と罰が法定されていなければ、その行為を処罰することができません。

設問４

次の事例は、罪刑法定主義に反するか？

1．法文の文言を、拡張解釈して処罰をすること。

2．行為当時の判例によれば、無罪となった行為について、その解釈を変更して処罰をすること。

１について

反しません（通説）。

拡張解釈とは、法文の意味を「可能な範囲」で、日常的な用語より広く解釈することです。
→可能な範囲の解釈なので、罪刑法定主義に反しない。
→たとえば、写真のコピーを、刑法155条（公文書偽造等）の文書に当たるとした判例がある（最判昭51.4.30）。

2について
反しません（最判平8.11.18）。
憲法39条（事後法の禁止）は、判例変更をしないことの保障をも含むものとは、解されていません。

2 刑法の適用範囲

①刑法の場所的適用範囲

刑法は、日本国内において罪を犯したすべての者に適用されます（刑法1条1項）。
日本国内とは、日本の領海、領空を含みます。
また、日本国外にある日本船舶または日本航空機内をも含みます（刑法1条2項）。

以上が、**属地主義**の大原則であり、行為者の国籍を問わず、すべての犯罪について、刑法の適用がされます。
→なお、日本国内における外国人の犯罪に刑法が適用されない状況を、治外法権といい、かつての明治政府がその撤廃をするために苦労をした仕組みである。

設問1
刑法が、日本国外において外国人がした行為に適用されることはあるだろうか？

あります。
刑法2条各号の一定の犯罪（通貨偽造など日本国の社会不安を招来する犯

罪）については、日本国外におけるすべての者に対して、刑法が適用されます。

これを、**保護主義**といいいます。

日本国の国益のために、国外の外国人による犯罪にも刑法を適用します。

→なお、当該行為は、外国の刑法にも触れる行為であろうが、そのことと刑法が適用されるという問題は、別問題である。

なお、刑法3条の2の場合にも、日本国外において外国人がした一定の行為に刑法が適用されます。

設問2

国外において、日本人が、日本の公務員に賄賂を供与したときは、刑法が適用されることになるか？

贈賄罪および収賄の双方について刑法が適用されます。

この問題は、次に挙げる2つの原理から結論が出ます。

1．国民の国外犯

刑法は、日本国民が、国外でした一定の重大な犯罪（殺人罪、傷害罪など）について、適用されます（刑法3条）。

これを**属人主義**といいます。

そして、贈賄罪は、国民の国外犯に含まれています（刑法3条6号）。

このため、刑法の適用があります。

2．公務員の国外犯

刑法は、日本国の公務員が国外でした一定の犯罪について、適用されます（刑法4条）。

公務員の国外犯には、収賄罪、虚偽公文書作成罪などがあります。

したがって、国外での日本国の公務員の収賄行為には、刑法が適用されます。

設問３

日本人が、国外で殺害された場合、犯人が外国人であっても、その者に刑法が適用されるか？

適用されます。

刑法は、国外で、日本国民に対して一定の罪を犯した日本国民以外の者に適用されます（刑法３条の２）。

その一定の行為には、殺人罪（未遂を含む）、傷害罪、不同意性交等罪などが含まれます。

設問４

以上に述べたほか、刑法が適用される場合はあるか？

条約により国外犯を罰すべきものとされた犯罪について、罪を犯したすべての者に刑法が適用されます（刑法４条の２）。

設問５

外国で確定判決を受けた者について、同一の行為をさらに処罰することができるか？

できます（刑法５条本文）。

二重の危険の禁止（憲法39条後段）は、同一の犯罪について、日本の刑法等により重ねて処罰してはいけないという原理であるにすぎません。

なお、この場合、犯人がすでに外国において言い渡された刑の全部または一部の執行を受けたときは、刑の執行を減軽し、または免除するものとされます（刑法５条ただし書）。

→刑法の適用はする（有罪判決はする）が、刑の執行の段階で、一定の配慮をするという意味である。

②　刑法の時間的適用範囲

刑法6条（刑の変更）
犯罪後の法律によって刑の変更があったときは、その軽いものによる。

設問6
刑法6条は、罪刑法定主義の要請であるか？

罪刑法定主義の要請ではありません。
罪刑法定主義からは、行為時に、重い罪であれば、これにより処罰をすることができます。

しかし、罪刑法定主義は、犯人（行為者）の人権保障を目的としているので、刑法6条が、罪刑法定主義に反するとはいえません。
→なお、行為時に軽い罪を、行為後の刑の変更により重い罪で処罰することは、明白に、罪刑法定主義に違反することになる。

設問7
殺人罪について、犯人が実行行為をした後に、刑が軽く変更された場合、その後に被害者が死亡したときは、刑法6条が適用されるか？

適用されます。
刑法6条は、「犯罪後の法律によって刑の変更があったときは、その軽いものによる」と規定しますが、ここに、犯罪後の法律とあるのは、犯罪の実行行為の後という意味です。
結果犯における、結果発生の後という意味ではありません。
→なお、実行行為後に、刑が重く変更され、その後に被害者が死亡したときは、行為時法である軽い罪が適用される。

■用語解説■　実行行為
実行行為は、犯罪の構成要件に該当する行為をいう。

殺人罪の場合は、「殺す行為」が実行行為である。

刑法は、思想を処罰することはないので、殺そうと決意しただけでは、刑法は適用されない。しかし、実行行為があると、殺人罪（または殺人未遂罪）の問題が生じる。

■用語解説■　結果犯

結果犯とは、犯罪の成立に一定の結果の発生を要するものをいう。人が死ぬという結果の発生を要する殺人罪がその典型である。

設問8

犯人が、監禁行為を継続中に、刑が重く変更されたときは、いずれの罪が適用されるか？

監禁は、**継続犯**です。

犯罪の実行行為が、監禁行為をしている間は、継続します。

このため、重く変更された罪が、行為時法となるため、重い罪が適用されます。

→なお、監禁行為が終了した後に、刑が軽く変更されたときは、刑法6条が適用され、軽い罪により処罰されます。

参考判例

継続犯については、その行為の継続中に刑罰法規の変更があっても、刑法6条を適用せず、常に新法を適用する（最決昭27.9.25）。

牽連犯について、その手段である行為が旧法時に行われても、それと牽連する行為が新法時に行われたときは、その全部に対して新法を適用する（大判明44.6.23）。

→牽連犯には、「私文書偽造、同行使、詐欺」という一連の流れで犯罪行為が行われたときなどのケースがある。

包括一罪について、その完成前に刑の変更があっても、これを分割するこ

となく、その全体に対して新法を適用する（大判昭6.11.26）。

→包括一罪は、もともと、数回の行為を一の構成要件とする犯罪類型である。たとえば、わいせつ物頒布罪（繰り返しの頒布を予定する犯罪類型）が、これに当たる。

設問９

次の場合、変更後の法律が適用されることがあるか？

1．犯罪行為の後に、法改正があったが、刑が同じであるとき。

2．犯罪行為の後に、刑の全部または一部の執行猶予の条件が変更されたとき。

１について

変更後に、刑が軽くなったケースではないので、刑法６条は、適用されません。

したがって、原則どおり、行為時法である、旧法が適用されます（大判昭9.1.31）。

２について

刑法６条のいう刑の変更は、**主刑の変更**をいいます（大判大2.1.31）。

執行猶予の条件は、これに当たらないので、刑法６条は適用されず、したがって行為時法である旧法が適用されます（最大判昭23.11.10）。

■用語解説■　主刑

主刑とは、死刑、懲役、禁錮、罰金、勾留および科料をいう（刑法９条）。その刑を、単独で言い渡すことができるグループである。

これに対して、没収は、主刑に付加される刑であり、付加刑といわれる。

宿　題｜　懲役10年と、禁錮20年は、どちらが重い罪であるか？

参考判例

懲役刑について、新たに禁錮刑を選択することができるようになったこと

は、刑の変更に当たり、新法の刑は旧法の刑よりも軽い（大判昭5.12.8）。

労役場留置期間の変更は、刑の変更と解すべきである（大判昭16.7.17）。
→主刑の変更に準ずるという趣旨。労役場留置は、罰金を完納することができない者に対する措置である（刑法18条1項）。

宿題の解答▼

懲役10年のほうが、重い罪です。
有期の禁錮の長期が、有期の懲役の長期の2倍を超えるときに、禁錮が重い刑であるとされます（刑法10条1項ただし書後段）。

3 犯罪論

設問1
犯罪とは、何か？

犯罪は、構成要件に該当する、違法で、有責な行為と定義されます。

これは、刑法において基本となる、大事な定義です。
構成要件該当性、違法、有責のいずれかを欠くときは、その行為は犯罪ではありません。
→いずれかを欠くときは、無罪となる。

設問2
構成要件とは、何か？

構成要件とは、犯罪の定型として規定される行為のことです。

たとえば、刑法199条は「人を殺した者は、死刑又は無期若しくは5年以上の懲役に処する。」と規定しますが、この場合の「人を殺す」という行為が、構成要件です。

設問3

構成要件の自由保障機能とは、何か？

構成要件に該当しない行為は、そもそも犯罪を構成しません。

それが、いかに道徳的に非難されようとも、無罪です。

これを、構成要件の自由保障機能といいます。

たとえば、刑法199条は、人を殺す行為を処罰の対象としていますが、これは、人以外の動物を殺す自由を定めています。

宿　題|　動物を殺した場合、刑法の犯罪が成立することはあるか？

設問4

違法とは、何か？

違法とは、行為が法に違反することを意味します。法的に許されないという意味です。

もともと、構成要件は、違法行為の類型です。

たとえば、「人を殺すこと」（刑法199条　殺人罪）、「他人の財物を窃取すること」（刑法235条　窃盗罪）、「人を欺いて財物を交付させたること」（刑法246条１項　詐欺罪）などです。

したがって、構成要件に該当する行為は、**違法性が推定**されます。

しかし、その**違法性を阻却する事由**があるときは、その行為は違法ではありません。

たとえば、人を殺しても、それが刑務官による死刑の執行であれば、刑法35条の「正当な業務による行為」として、違法な行為とはされません。

→構成要件には該当するが、違法ではないので、無罪という結論になる。

宿題の解答▼

動物を殺す行為は、次の２つの類型に分かれます。

１．人が飼っている動物の場合

人が飼っている動物は、刑法261条（器物損壊等罪）の「他人の物」に当たります。

→器物損壊等罪が、成立する。

２．野生の動物の場合

刑法には、野生の動物を殺す罪という規定がありません。

したがって、構成要件該当性を欠き、無罪です。

設問５

有責とは、何か？

有責とは、犯罪行為について、行為者を**非難することができること**を意味します。

構成要件該当性と違法の問題は、行為の類型により客観的に定まります。

→その行為者が誰であれ、刑務官の死刑の執行は、無罪である。

しかし、責任の問題は、行為者の内心の問題です。

→このことは、「違法性は客観的に、責任は主観的に」という標語で表現される。

刑罰を科すには、その者に、責任がなければならないという、責任主義に立脚します。

たとえば、「心神喪失者の行為は、罰しない」ものとされます（刑法39条１項）。

責任能力は、行為の是非を弁別し、**かつ、**その弁別に従って行動する能力のことをいいますが、心神喪失者は、そのいずれかを欠くため、非難可能性がないのです。

責任主義においては、行為者に、犯罪行為をしない**自由もあった**が、それにもかかわらず、犯罪行為をしたときに、非難可能性が生じます。

したがって、犯罪行為をしない自由を有しなかった心身喪失者の行為は、罰せられないのです。

◆一問一答◆

問 是非の弁別の能力があるが、その弁別に従って行動する能力のない者は、心神喪失者であるか？

答 心神喪失者である。

◆一問一答◆

問 刑法において「責任」はどういう場合に発生するのか？

答 責任とは、非難可能性のことであり、次の場合に発生する。

1．行為者は、違法行為をするかどうかについて規範の問題（やってよいのかという判断の問題）に直面した。
2．行為者には、行動の自由があった。つまり、違法行為をしないという選択も可能であった。
3．にもかかわらず、違法行為を選択した。

以上の構図で、責任が発生する。

「責任」は「行動の自由」が前提であることを理解しよう。

心神喪失者には、1（よい悪いの判断能力）または2（悪いことだという判断に従って行動する能力）のいずれかが存在しないのである。

このため、心神喪失者には、責任が生じない。

《関連事項》法定責任無能力者

刑法41条は、「14歳に満たない者の行為は、罰しない。」と定めます。

これは、個々の人間の成熟度を考慮することなく、刑事政策上の問題として、一律に年齢により、責任能力の有無を定めた規定です。

設問6

保護法益とは、何か？

保護法益とは、法によって保護される国家的、社会的または個人的利益のことです。

犯罪は、法益の侵害が、その核心であります。

たとえば、殺人罪では、「人の命」が保護法益です。

「人の命」という重大な法益の保護のために、国家は、刑罰権を行使するという考え方となります。

刑法の条文を解釈する上で、ある犯罪の保護法益が何であるかは、非常に重要な視点となります。

設問7

結果無価値と行為無価値という言葉は、それぞれ何を意味するか？

無価値とは、違法という意味です。

結果無価値と行為無価値は、違法性の本質に関する議論であり、刑法学会を二分する大きな対立軸です。

結果無価値の考え方は、犯罪により、法益が侵害されるという結果が違法であると考えます。

これに対して、**行為無価値**は、結果の不正のほかに、犯罪行為をする行為者の行為そのものも、違法であるという考え方をします。

たとえば、一定の犯罪については、未遂を処罰する規定があります。

殺人罪が、その例です。

この場合、結果無価値の立場からは、人命を損なうという法益侵害の結果が生じていないのに、なぜ、未遂の処罰を要するのかという点の説明を要することになります。

しかし、行為無価値の立場からは、「人を殺す」行為自体が不正ですから、結果の発生の有無にかかわらず、未遂を処罰することは当然だという発想になります。

以上は、ほんの一例ですが、結果無価値と行為無価値の考え方の相違は、刑法の理論面の多くの局面で顕在化するといってもいいでしょう。

●展開●　応報刑論と目的刑論

刑罰を科すことの正当化の論拠には、大きく言って、応報刑論と目的刑論の相違があります。

1．応報刑論

「目には目を。歯には歯を」という応報の原理を刑罰の正当化根拠とします。他人に苦痛を与えた者は、自らも苦痛を受けるべきであるという思想です。

2．目的刑論

目的刑論は、将来の犯罪を予防することが、刑罰の正当化根拠であるとする考え方です。

次の2つがあります。

①　一般予防

犯罪者に刑罰を科すことにより、これを見た一般人が、犯罪に陥ることを予防するという考え方です。

②　特別予防

犯罪者に刑罰を科すことにより、その者の再犯を防止するという考え方です。

なお、通説の立場は、相対的応報刑論であり、刑罰には、応報、一般予防、特別予防のすべての要素があると考えます。

4 構成要件

①　因果関係

　殺人罪などの結果犯において、既遂となるか、未遂にとどまるかを判定するために、因果関係に関する考察を要します。
→結果犯とは、犯罪の成立要件に、行為のほかに法益侵害の結果（殺人の場合には、人の死亡という結果）を要するものをいう。

宿題1｜　結果犯の反対概念は、何か？

　実行行為と結果とのあいだに、因果関係があれば、既遂。なければ未遂となります。
　ある犯罪が、いかなる構成要件に該当するか。つまり、既遂罪に当たるか、未遂にとどまるかという問題です。

設問1

**　Aは、Bに致死量の毒薬を飲ませた。Bが、その毒が回る前に交通事故により死亡したときは、Aに殺人罪が成立するか？**

　成立しません。
　設問の事例は、殺人未遂です。

　因果関係の問題の基本は、**条件関係**の有無です。
　この問題に関する、いかなる学説によっても、条件関係がないときには、因果関係が成立しません。

　条件関係は、「ある行為がなかったならば、その結果が発生しなかった」という関係を意味します。
→この関係があれば、それだけで因果関係を認める考え方を、条件説という。判例は、原則として、条件説に立つと解される。
　これを、設問に当てはめると、Aが毒薬を飲ませなくても、Bは交通事故で死亡していますから、条件関係がありません。

●展開●　因果関係の断絶

設問の事例は、**因果関係の断絶**の場合です。

先行条件が功を奏しないうちに、後行条件により結果が発生したときは、先行条件と結果との間に因果関係が生じません。

これを、因果関係の断絶といいます。

宿題１の解答▼

結果犯の反対概念は、挙動犯です。

挙動犯では、ある行為をすることにより、当然に犯罪が成立します。住居侵入罪（刑法130条前段）がその典型例です。

設問２

Ａは、殺意をもってＢをナイフで刺した。

Ｂは軽傷であったが、念のために病院に行く途中で、交通事故で死亡した。条件説によると、Ａの行為は、殺人罪に当たるか？

Ａがナイフで刺さなければ、Ｂは交通事故に遭遇しなかったという関係があるので、ナイフで刺した行為と死亡の結果には、因果関係が生じます。

したがって、条件説によると、Ａの行為は、殺人罪に当たることになります。

《関連事項》相当因果関係説

設問２の場合のように、条件説では、因果関係の成立する範囲が広くなります。

そこで、この範囲を狭くする意図で、**相当因果関係説**という学説があります。

相当因果関係説は、条件関係があることを前提にして、さらに、「ある行為からその結果が生じることが、社会通念上、相当であると認められる場合」

に、因果関係を肯定します。

相当因果関係説は、さらに、次の3つの類型に分かれます。

以下、被害者が脳に病変を有し、そのために、加害者の傷害行為によりその者が死亡した場合の、傷害致死罪の成否の問題を題材に解説します。

1．主観説

行為者が、行為の当時に、認識した事情と認識することのできた事情を相当性の判断の基準とする。

→行為者の主観のみを問題としている。行為者が、被害者の病変を知っていたか、または知ることができたときに、傷害致死罪が成立する。

2．折衷説

行為時の行為者の立場に立ったときに、一般人が認識することができた事情と、行為者が現に認識していた事情を相当性の判断の基準とする。

→一般人の視点を加味している。行為者が病変を認識していなくても、一般人が認識することができたときは、傷害致死罪となる。

3．客観説

裁判官の立場から、行為当時に客観的に存在したすべての事情と、予見可能であった行為後の事情を相当性の判断の基準とする。

→行為時に、病変は客観的に存在したのであり、病変のある者を傷害すれば死亡の結果が生じることになるから、因果関係は肯定される。

参考判例

被告人の行為と被害者の脳にあった高度の病的変化が相まって死亡の結果が生じたときは、被告人が、行為時に、その事実を知らず、また予測をすることができなかったときでも、その行為と結果の間には、因果関係が認められる（最判昭25.3.31）。

→判例は、一般的に、条件説に立つ。

被告人の加えた暴行から逃げ出した被害者が、誤って転倒し、負傷したときは、その負傷と暴行の間には、因果関係がある（最判昭25.11.9）。

長時間にわたる激しく執拗な暴行を受けた被害者が、逃走しようとして高速道路に侵入し、死亡したときは、被告人らの暴行と被害者の死亡の間には、因果関係が存在する（最決平15.7.16）。

被告人らが被害者の頭部をビール瓶で殴打し、死亡の結果をもたらしうる傷害を負わせたときは、被害者の死亡の結果が発生するまでに、被害者が医師の指示に従わず、安静に努めなかったという事情があるときでも、暴行と被害者の死亡の間には、因果関係がある（最決平16.2.17）。

自動車の後部のトランクに被害者を押し込めたときは、その後、道路上に停車中に後方からきた自動車が追突したためにその者が死亡したときでも、監禁行為と死亡の間には、因果関係がある（最決平18.3.27）。

自動車を運転していた甲が、過失により通行人乙と衝突し、その身体を自動車の屋根にはねあげたまま、それに気づかずに運転中、同乗者の丙が乙を引きずりおろしたために乙が死亡したときは、甲の過失行為から乙の死亡の結果が発生することは、われわれの経験上、当然に予想できることではないので、その間に因果関係は認められない（最決昭42.10.24）。

→この事案は、条件説によれば、過失運転致死傷罪となるが、判例は、相当因果関係説に立って、被害者の死亡との間の因果関係を否定したと解されている。

→一般に、判例は、条件説に立つところ、その例外であると評価されている。

---

②　不作為犯

不作為犯とは、不作為により構成される犯罪のことです。

次の2つがあります。

1．真正不作為犯

不作為のカタチで、構成要件が規定されるケースです。

不退去罪（刑法130条後段）の、要求を受けたのに退去しない罪が、その典型例です。

2．不真正不作為犯

作為のカタチで、構成要件的行為が定められているときに、その行為を不作為により行うケースです。

たとえば、母が、子に授乳をしないことにより、これを殺害するケースがあります。

設問3

不真正不作為犯は、どのような場合に成立するか？

法律上の**作為義務**があることと、作為の可能性があることが、不真正不作為犯成立の要件です。

1．作為義務について

公園のベンチで、凍えている酩酊者がいたときに、通行人が、死亡してもかまわないと思って、何らの救護をせずに通り過ぎても、殺人罪は成立しません。

通行人には、救護義務がないからです。

刑法199条は、「人を殺す」行為を処罰するところ、単に、通り過ぎる行為を「殺す行為」と評価することは無理があるのです。

そこで、母親が、幼児に授乳をしないときなど、法律上の監護義務があるときに、これをしなかった行為だけが、「殺す行為」と評価される可能性が生じます。

2．作為可能性について

子どもが池でおぼれそうになっているときに、その父親がこれを救助しなかったとしても、その父親が泳げないときには、不真正不作為犯が成立することはありません。

救助をするという、作為可能性がないためです。

設問４

不真正不作為犯の成立の要件である作為義務には、どのようなものがあるか？

作為義務は、法令、契約または事務管理、慣習または条理に基づいて認められると解されます（通説）。

１．法令の規定による場合

たとえば、夫婦の扶助義務（民法752条）、親権者の子に対する監護義務（民法820条）があります。

→夫は、病気の妻を介護する義務があるなど。

２．契約または事務管理による場合

保育園の保育士が園児を保護する義務は、契約による義務です。

このほか、道端で倒れていた病人を、自宅に引き取ると、事務管理による保護義務が生じます。

したがって、この後に、保護を放棄すると、保護責任者遺棄罪等の問題を生じます。

３．慣習または条理による場合

先行行為による作為義務などがあります。

たとえば、焚き火をしたときはその消火の義務が、車を運転中に交通事故を起こしたときは被害者の救助義務が生じます。

宿題２　母親が子を絞殺し、その場に放置したときは、死体遺棄罪が成立するか？

参考判例

自己の故意ではなく発火したときでも、消火する法律上の義務を有する者が、容易に消し止めることができたにもかかわらず、その火力を利用する意思で、鎮火に必要な行為をしなかったときは、不作為による放火に当たる（大判大7.12.18）。

神棚のろうそくが、転落して家屋を焼損する危険を認識しながら、保険金を詐取するために、そのまま外出した場合、これによって家屋が焼損したときは、放火罪が成立する（大判昭13.3.11）。

自己の過失によって、事務所の炭火が机に引火したことを発見した者が、容易に消火できたのに、事務所の焼損を認容する意思で、消火をせずに逃げ去ったときは、放火罪が成立する（最判昭33.9.9）。

宿題2の解答▼

成立します。

死体遺棄罪は、通常は、作為による遺棄を要し、死体を放置するだけでは成立しません。

しかし、母親には、子の埋葬義務があるため、不作為による死体遺棄罪が成立します。

設問5

不作為犯において、不作為と結果の発生には、どういう場合に条件関係が認められるか？

期待された行為がされたとすれば、その結果が生じなかったであろうという関係があるときに、条件関係が認められます。

たとえば、13歳の少女に、覚せい剤を打ち、錯乱状態にしたままこれを放置した結果、少女が死亡した場合、判例は、仮に救助をすれば、少女は若く、十中八九は、その命を救うことができたとして、放置した行為と急性心不全による死亡の結果に因果関係を認めました（最決平1.12.15）。

③ 間接正犯

設問6

間接正犯とは、何か？

間接正犯は、他人を道具として利用することによって、犯罪を実現することです。
→道具理論からの説明である。

なお、正犯とは、犯罪の実行行為をした者のことです。
狭義の共犯（教唆犯と従犯）に対応する言葉が、正犯です。

たとえば、医師が、毒入りの注射液が入った注射器を、その旨を告げずに看護師に手渡し、これによって患者を殺害したときは、殺人罪の実行行為である「殺す行為」をした者は、医師であるということになります。

この場合、看護師は、殺人をするための道具にすぎないので、医師が他の道具（たとえば、ナイフやピストル）で患者を殺害した場合と同視して、医師を殺人罪の正犯とするわけです。

設問7

間接正犯において、実行の着手は、利用行為において認められるか、それとも、被利用者が行う道具としての行為に認められるか？

医師が、看護師を利用したケースに当てはめると、殺人の実行の着手は、注射器を手渡した行為であるか、それとも看護師が注射をした行為であるかという問題です。
道具理論からは、利用行為の段階で、結果発生の危険が生じるので、そのときに実行の着手が認められることになります。

しかし、実行行為の客観性を重視すると、被利用者が行う道具としての行為において実行の着手が認められることになります。

ここに、実行行為の客観性とは、「人を殺す」行為としては、類型的に、注射器を手渡す行為ではありえず、毒薬を注射する行為であるはずだという発想です。

参考判例

殺人の目的で、毒物を郵送したときは、相手方がこれを受領したときに、毒殺行為の実行の着手があったということができる（大判大7.11.16）。

→郵便局員を道具とした間接正犯の事案である。判例は、被利用者が行う道具としての行為を実行の着手時期としている。

■用語解説■　実行の着手

実行の着手とは、実行行為（たとえば、殺す行為）を開始することをいう。

→実行の着手が、未遂罪の成立要件であることに注目しよう（刑法43条）。実行に着手するまでは、予備の段階となる。

設問8

Aは、13歳の子であるBに命じて窃盗行為をさせた。この場合、道具理論によれば、Aに窃盗の間接正犯は、成立するか？

Aに窃盗の間接正犯は、成立しません。

13歳の子Bには、刑事責任能力はありませんが、年齢的に、窃盗行為が許されない行為であることの認識が可能です。

つまり、Bは、盗みをすべきかどうかという、規範の問題に直面するはずであり、規範意識のある者を道具ということはできないので、Aには、窃盗の間接正犯ではなく、窃盗教唆の罪が成立することになります。

→この場合、窃盗の正犯は、子のBである。Bの行為は、窃盗罪の構成要件に該当し、違法である。しかし、責任能力がないので、Bは無罪となる。

→なお、狭義の共犯（教唆犯と従犯）の成立要件として、正犯が処罰されることは要しないので、Aの窃盗教唆は、成立する。

以上が、道具理論からの素直な結論です。

しかし、判例は、12歳の養女が、日ごろから養親の言動に畏怖し、意思を抑圧されていたという特殊な事例で、養親が養女に窃盗行為を行わせたときは、養親に窃盗の間接正犯が成立するとしました（最決昭58.9.21）。

この判例は、道具理論からは、養女には、養親に従わない自由がなかったので、窃盗行為という結果を支配していたのは、養親であるから、養女を道具であると解することができるというように説明することができます。

また、意思を抑圧された養女は、窃盗をするかどうかという規範の問題に直面することはなかったといえるから、道具にすぎないという解釈も可能です。

参考判例

是非の弁別のない幼児を利用して犯罪を実現させた者は、正犯である（大判明37.12.20）。

愚鈍な被害者を欺き、縊死しても、蘇生することができると誤信させて、縊死させたときは、殺人罪が成立する（大判昭8.4.19）。

→自殺関与罪（刑法202条）ではなく、殺人罪となる。被害者自身を道具として殺害したと考えることができる。

自己の施した堕胎手段によって妊娠中の女子の生命に危険を発生させた者が、医師に緊急避難として胎児を排出させた場合には、堕胎罪の間接正犯となる（大判大10.5.7）。

→医師が、道具に当たる。

不実の記載をした登記簿を、登記所に備え付けさせる行為は、偽造公文書行使罪の間接正犯である（大判明42.6.17）。

---

④　原因において自由な行為

原因において自由な行為とは、自らを責任無能力または限定責任能力の状態に陥れ、その状態で、犯罪を実現する行為のことです。

たとえば、酒乱癖のある者が、酩酊すれば人を殴るかもしれないと思いながら多量の飲酒をし、その結果として人を殴ったケースです。

飲酒が原因行為、殴ったことが結果行為です。

この場合、殴った時点では、責任無能力（心身喪失）の状態にあったとしても、暴行罪などの犯罪の成立を認めるための理論が、原因において自由な行為です。

ここに、原因とは、酒を飲んだ行為です。
自由とは、酒を飲まないという選択も可能であったことを意味します。

飲まない自由もあったのに、あえて飲んだ行為に、非難可能性つまり責任が生じます。
そこで、この原因行為における責任を根拠に処罰をしようという考え方が、原因において自由な行為の理論です。

参考判例

多量に飲酒するときは、病的な酩酊に陥り、心神喪失の状態で、他人に害悪を及ぼす危険のあることを自覚する者が、その危険発生を防止する義務を怠り、飲酒の上、心神喪失の状態で人を殺害したときは、過失致死の罪責を免れない（最大判昭26.1.17）。
→原因において自由な行為の理論を適用し、過失犯の成立を認めた。

設問 9

行為と責任の同時存在の原則とは、何か？

責任は、犯罪の実行行為をしたときに存在しなければならないという原則です。

行為時に責任能力がなければ、後日、責任能力を回復しても無罪であるし、行為時に責任能力があれば、後日、責任能力を失っても、犯罪は成立します。

設問10

原因において自由な行為において、犯罪の実行行為は、原因行為であるか結果行為であるか？

両説が考えられますが、それぞれ、次のような批判が可能です。

1．原因行為であるとする説

原因行為を実行行為と考えると、行為と責任の同時存在の原則を満たすことができます。

しかし、酒を飲む行為が、暴行行為などであると考えるのは、実行行為の範囲を不当に拡大するものであると批判されます。

→理論的には、殺人の故意で酒を飲んだときに、そのまま酔いつぶれて寝てしまったときにも、殺人未遂罪が成立する。

2．結果行為であるとする説

結果行為を実行行為とする考え方は、実行行為は「殴る行為」であるという点では妥当な結論といえますが、行為と責任の同時存在の原則を満たすことができません。

両説には、以上の欠点があるため、次のような説も提唱されています。

すなわち、行為と責任の同時存在の原則にいう行為とは、酒を飲んでから殴るまでの**一連の行為**をいい、その行為の開始の時に責任能力があれば、処罰をすることができるという考え方です。

この考え方は、実行行為は「殴る行為」であるとしながら、行為の開始の時（原因行為）を設定した段階で責任能力があれば、行為と責任の同時存在の原則を満たしたことになるという考え方です。

《関連事項》限定責任能力の場合

刑法39条２項は、「心神耗弱者の行為は、その刑を減軽する。」と規定します。

心神耗弱とは、精神の障害により、行為の是非を弁別し、またはこの弁別に従って行動する能力が著しく低いことをいいます。

心神耗弱者には、限定された責任能力があるので、有罪ではあるが、刑は必要的に減軽されるということになります。

さて、原因において自由な行為においても、道具理論を適用して説明する考え方があります。

原因行為を設定することにより、自己を道具として犯罪を行ったのだから、完全な責任能力を問うことができるという考え方です。

しかし、この説によると、以下のアンバランスが生じます。

1．原因行為の結果、心神喪失になったとき
　道具理論が適用されるので、完全な責任能力を問うことができます。
2．原因行為の結果、心神耗弱になったとき
　心神耗弱の状態は、ある程度の判断能力が残っているから、道具といえません。
　このため、原因において自由な行為の理論が当てはまらないことになり、刑法39条２項の、限定した責任能力を問うにとどまります。

このように、曲がりなりにも、行為時に責任能力があったときのほうが、刑が軽くなるという事態が生じます。

これが、原因において自由な行為を道具理論で説明する際に生じるアンバランスです。

なお、通説は、心神耗弱の場合にも、原因において自由な行為の理論の適用を認め、行為者に、完全な責任能力を認めます。

参考判例

酒酔い運転の行為の当時、酩酊による心神耗弱の状態にあったとしても、飲酒の際に運転の意思を認めることができるときは、刑法39条2項を適用して刑の減軽をすべきではない（最決昭43.2.27）。

→過失犯について、心神耗弱者への、原因において自由な行為の理論の適用を認めている。

⑤　未遂

刑法43条（未遂減免）

犯罪の実行に着手してこれを遂げなかった者は、その刑を減軽することができる。ただし、自己の意思により犯罪を中止したときは、その刑を減軽し、又は免除する。

→障害未遂は任意的減軽事由、中止未遂は必要的減軽または免除の事由である。

設問11

未遂とは、何か？

犯罪の実行に着手してこれを遂げなかったことをいいます。
実行の着手とは、犯罪行為を開始することをいいます。

未遂は、次の2つに分類することができます。

1．着手未遂

ピストルで人を撃とうとして狙いを定めたが、撃つのをやめたケース。

→「狙いを定めた」時点で、殺人の実行の着手が認められる。狙いを定めるまでは、殺人予備の段階である。

2．実行未遂

ピストルで人を撃ったが、死亡の結果が生じなかったケース。

→実行行為を完了したが、結果が発生しなかったときである。

設問12

未遂は、どういう場合に処罰されるか？

未遂を処罰するという規定があるときに、処罰されます（刑法44条）。

殺人、窃盗、強盗、詐欺などは、未遂が処罰されます。

しかし、傷害、横領には、未遂を処罰する規定がないので、不可罰です。

→なお、傷害の未遂は、その行為が、暴行罪の構成要件に当たるときは、暴行罪として処罰されることがある。

設問13

次の場合に、それぞれの犯罪について、実行の着手が認められるか？

1．殺人の目的で、毒入りのまんじゅうを交付した（殺人罪）。

2．殺人の目的で郵送するため、毒物を郵便局員に手渡した（殺人罪）。

3．電車の中で、財布の有無を確かめるため、ポケットの外側に触れた（窃盗罪）。

4．電車の中で、スリの目的で、財布の入ったポケットの外側に触れた（窃盗罪）。

5．窃盗の目的で、住居に侵入した（窃盗罪）。

6．窃盗の目的で、土蔵に侵入しようとした（窃盗罪）。

7．不同意性交等の目的で、通りがかりの成人の女性に暴行・脅迫を加えて、無理矢理自動車に乗せた（不同意性交等罪）。

8．保険金を詐取する目的で、自宅に放火をした（詐欺罪）。

1について

実行の着手が、認められます。

殺人の実行行為は、「殺す行為」ですが、判例は、毒物の交付をしたときは、相手方が食べなくても、殺人罪の実行の着手があるとしています（大判昭7.12.12）。

2について

実行の着手は、認められません。

判例は、郵便局員が、毒物を配達したときに、殺人の実行の着手を認めます（大判大7.11.16）。

3について

実行の着手は、認められません。

窃盗の実行行為は「他人の財物を窃取すること」です（刑法235条）。

スリの場合、財布の有無を確かめる行為を、「当たり行為」といいますが、これは窃盗の予備行為にすぎません。

→なお、窃盗には予備を処罰する規定はなく、不可罰である。

4について

実行の着手が、認められます。

窃盗の目的があれば、ポケットの外側に触れる行為が、実行の着手（窃盗行為の開始）と評価されます（最決昭29.5.6）。

5について

実行の着手は、認められません。

本事例は、住居侵入罪の一罪です。

判例は、タンスや金庫など、金目の物に近づいたときに、窃盗の実行の着手を認めます（大判昭9.10.19）。

6について

実行の着手が、認められます。

土蔵は、それ自体が、金目の物なので、これに侵入しようとした時点で、窃盗の実行の着手が認められます（名古屋高判昭25.11.14）。

7について

実行の着手が、認められます（最決昭45.7.28）。

16歳以上の者に対する不同意性交等罪の実行行為は、暴行や脅迫等の行為または事由などにより、「同意しない意思を形成し、表明し若しくは全うすることが困難な状態にさせ又はその状態にあることに乗じて、性交等をすること」です。

暴行・脅迫を加えて無理矢理自動車に乗せている時点で、不同意性交等に至る危険性も明らかですから、実行の着手アリと評価できます。

◆一問一答◆

問　「性交等」とは、どのような行為か？

答　性交等とは、①性交、②肛門性交、③口腔性交、④膣もしくは肛門に身体の一部（陰茎を除く）、もしくは物を挿入する行為であってわいせつなもの、である。このうち、①〜③は陰茎を挿入すること、④は陰茎以外の身体の一部や物を挿入するわいせつな行為を意味する。

8について

実行の着手は、認められません（大判昭7.6.15）。

詐欺の実行行為は、財物を交付させる意図の下に、「人を欺くこと」です（刑法246条1項）。

放火をしただけでは、「人を欺く」行為が開始されたことには、なりません。

本事例では、保険会社に、保険金の請求をしたときに、詐欺の実行の着手が認められます。

参考判例

犯人が、被害者の店舗で、懐中電灯であたりを照らしたところ、電気器具類が積んであることがわかったが、なるべく現金を盗みたいので、店内のタバコ売り場の方に行きかけたという事実があるときは、窃盗の実行の着手が認められる（最決昭40.3.9）。

設問14

未遂と既遂は、どのように区別されるか？

犯罪の実行に着手してこれを遂げなかったことが未遂であり、これを遂げれば既遂です。

たとえば、自転車泥棒のケースでは、いつでも発進できる状態に置けば、実際には発進しなくても、窃盗既遂です。

窃盗行為は、被害者の占有を犯人に移すことをいいますが、上記のケースは、占有を移した（言葉を変えれば、犯人が自転車を支配下に置いた）と評価されます。

参考判例

他人の家の浴場で金の指輪を発見した者が、その浴室内の、他人が容易に発見できない隙間に隠匿したときは、窃盗既遂である（大判大12.7.3）。

設問15

中止犯（中止未遂）が成立する要件は、何か？

次の要件があります。

1．実行の着手があること
2．自己の意思により犯罪を中止したこと
3．結果が発生しなかったこと
4．中止行為と結果の不発生に、因果関係があること

1について

窃盗行為をするために、住宅街を物色したが、自己の意思で計画を中止しても、中止犯にはなりません。中止犯は、未遂の類型の1つだからです。

→窃盗の実行の着手がないので、もともと、不可罰である。

2について

自己の意思により中止行為をすることが中止犯の要件です（刑法43条ただし書）。

「自己の意思」は、**自由な意思**でなければなりません。

自由な意思がないときは「やむを得ずに犯罪を中止した」と評価されるので、これは、障害未遂の問題（刑法43条本文）になります。

次の場合は、中止犯は成立しません。

① 殺意をもってナイフで突き刺したが、流血に驚愕して我に返りやめた場合（大判昭12.3.6）
② 犯罪の発覚を恐れて、やめた場合（大判昭12.9.21）
③ 窃盗犯が、目的物を発見できなかったため、やめた場合（大判昭21.11.27）

次の場合は、自由な意思が認められ、中止犯が成立します。

① 無理心中をしようとしたが、哀れみを覚えて殺害を中止したとき（大阪高判昭33.6.10）
② 被害者の子どもが泣き出し、被害者が涙を流すのを見て、かわいそうになり、やめたとき（福岡高判昭35.7.20）

→以上、いずれも、感情を伴う中止行為であるが、自由な意思による中止行為と認められたケース。
→後日、再度の盗みをするために、いったんは引き上げたときも、自由な意思による中止行為（盗む自由はあったが、自らこれを取りやめた）と評価されることになる。

「犯罪を中止した」というためには、着手未遂では、以後の行為を放棄すれば足ります。

しかし、実行未遂の場合には、刑法43条ただし書の「中止した」という言葉の意味が問題になります。

この点については、「中止した」というためには、結果の発生を防止するために、犯人自らが、**真摯に努力**をしたことを要すると考えるのが、判例・通説です。

たとえば、放火行為の後に、通行人に、火を消してくれと依頼をして、逃走したときには、その後に通行人が火を消し止めても、中止犯は、認められません。

参考判例

中止犯の要件としての結果発生の防止行為は、必ずしも、犯人が単独で行うことを要しないが、少なくとも、犯人自身がその防止にあたったのと同視するに足りる程度の努力を払った場合でなければならない（大判昭12.6.25）。
→救急車を頼んだから中止犯が成立しないということにはならないが、犯人自身の努力がなければ、中止犯とはいえないことになる。

3について

中止行為をしたが、結果が発生したときは、中止犯は成立しません。

中止犯は、未遂の類型の１つだからです。

たとえば、殺害するためにナイフで人を刺した後、後悔をして病院に被害者を搬送しても、その者が死亡すれば、殺人既遂罪となります。

4について

中止行為と、結果の不発生の間に因果関係がないときは、中止犯は成立しません（大判昭4.9.17）。

設問16

予備罪について、中止犯は成立するか？

成立しません（最大判昭29.1.20）。

予備罪とは、実行の着手に至る前の行為であって、犯罪のために行う行為です。

→殺人をするためのピストルの購入など。

予備罪は、一種の挙動犯であり、予備行為をしたときに既遂となります。

したがって、未遂の一類型である中止犯は、成立しません。

設問17

共同正犯の場合、どういうときに中止犯が成立するか？

共同正犯とは、2人以上の者が共同して犯罪を実行することをいいます（刑法60条）。
→多人数が共同して被害者を殺害する場合などをいう。

共同正犯者の1人に中止犯を認めるためには、その者が、結果の発生を防止する行為を行い、結果の発生を防止したことを要します（大判大12.7.2）。

殺人の場合であれば、単に、自らが殺害行為をやめただけでなく、他の共犯者の殺害行為をやめさせなければ、中止犯は成立しません。

なお、共同正犯者の1人に中止犯が成立するときは、他の共犯者には、障害未遂の罪が成立します。

設問18

中止犯が刑の必要的な減免を受ける理由は、何か？

中止犯の法的性質について、3つの説があります。

1．政策説

中止犯を、犯罪を防ぐための制度であるとします。

いったん、犯罪の実行に着手した者に、「引き返すための黄金の橋」を架ける制度であると考えます。

この説は、犯罪を防ぐためであれば、裁判所が、後日、刑を免除するか、減軽するかの裁量をするのは、おかしいと批判されます。

犯罪を防ぐことが目的であれば、中止したときにどういう措置をとるかは、事前に決すべきだからです。

2．違法性が減少または消滅するという説

この説は、自己の意思により犯罪を中止することによって、行為の違法性が、減少または消滅すると考えます。

主観的違法要素を認めない考え方とは、両立しません。

3．責任が減少または消滅するという説

犯行の決意を撤回することにより、非難可能性が減少または消滅するという考え方です。

この説では、撤回の意思は、悔悟に基づくことを要することになりますが、これにより中止犯の成立の範囲を狭くすることになります。

⑥　不能犯

不能犯とは、犯罪の結果が生じる危険のない行為によって、犯罪を実現しようとする場合をいいます。

不能犯は、処罰されません。

未遂と不能犯は、いずれも、犯罪の結果は生じませんが、未遂はこれを罰する規定があれば処罰の対象となりますが、不能犯は常に無罪です。

そこで、両者の線引きが、問題となります。

設問19

ピストルで人を撃ったが、その前に、何者かが銃弾を抜きとっていたため、殺害をすることができなかった。

この行為は、殺人未遂か、不能犯か？

殺人未遂です。

不能犯と未遂は、**結果の発生が絶対に不能といえるかどうか**により区別をするのが、判例の考え方です。

設問の事例は、ピストルにより人を殺害することは可能だが、たまたま銃弾が抜かれていたから、結果が発生しなかっただけの話です（相対不能）。

したがって、未遂罪となります。

このほか、次の場合は、未遂と評価されます。

1．毒薬を味噌汁に投入したが、致死量に達しなかったとき（大判大8.10.28）
→毒薬による殺害は可能だが、たまたま、量が足りなかったと考える。
2．殺人の目的で青酸カリを炊飯釜に入れたが、米が黄色くなり、異臭がしたとき（最判昭24.1.20）
→青酸カリによる殺害は可能だが、たまたま、異臭がしたと考える。
3．爆弾を爆発させようとしたが、導火線の火薬が湿っていたとき（最判昭51.3.16）
→導火線により、爆発をさせること自体は、可能である。

これに対して、不能犯は、結果の発生が絶対に不能である場合をいいます。

わら人形に五寸釘を打ち付けることにより、ある者を呪い殺そうとした行為が、その典型例です。

殺人の目的で、硫黄の粉末を味噌汁に入れた事件で、判例はこれを殺人の不能犯とし、傷害罪で処断しました（大判大6.9.10）。
→そもそも、硫黄により、人を殺害することは不可能であったという判断である。

5 違　法

設問1

「違法は客観的に、責任は主観的に」という標語があるが、主観的な違法要素は、認められるか？

行為者の主観が、違法性の存否や程度に影響を与える場合、これを主観的違法要素といいます。

主観的違法要素を認める考え方が、判例・通説です。

参考判例

客観的にみて明らかなわいせつ行為であれば、行為者に性的意図が無かっ

たとしても不同意わいせつ罪が成立する（最大判平29.11.29)。
→行為者の目的などの主観的事情を考慮すべき場合はあるが、その性的意図があることを一律に不同意わいせつ罪成立の要件とすることはできない。

設問 2

可罰的違法性とは、何か？

可罰的違法性とは、犯罪として刑罰を科すに値する程度の違法性をいいます。

通説は、可罰的違法性がないときは、違法性を阻却すると考えます。

形式的には、法規に触れる行為でも、可罰的違法性がないときは、処罰はされません。

判例は、たばこの耕作者が、１厘相当のたばこを私に使用した事件で、零細な反法行為は、犯罪には当たらないとしました（大判明43.10.11)。

→１厘とは、１銭の10分の１に当たる。

設問 3

正当防衛とは、何か？

急迫不正の侵害に対して、自己または**他人**の権利を防衛するため、やむを得ずにした行為をいいます（刑法36条１項)。

正当防衛は、違法性を阻却します。

したがって、無罪です。

設問 4

窃盗の被害者が、後日、盗難物を加害者から取り戻す行為は、正当防衛に当たるか？

正当防衛には、当たりません。

正当防衛の要件の1つである「急迫性」を満たしません。

過去の侵害行為について、正当防衛が成立することはありません。

→設問の事例は、自救行為の問題となる。

→自救行為も違法性阻却事由の1つである。

設問5

将来の侵害を予想して行われた防衛行為が、急迫性の要件を満たすことはあるか？

急迫性の要件を満たすことがあります。

侵害があらかじめ予期されていたときも、直ちに急迫性の要件を失うものではないとされています（最判昭46.11.16）。

→予期の範囲であっても、侵害がされた時点においては、急迫性の要件を満たすからである。

なお、侵害があらかじめ予期されていたときに、その機会を利用して、**積極的に加害行為**をしたときは、急迫性は否定され、正当防衛は、成立しません（最決昭52.7.21）。

設問6

飼主が、猛犬をけしかけ、攻撃をしてきたので、近くにあった他人の花瓶を犬に投げつけてその犬を殺した。

1．正当防衛は、成立するか？

2．緊急避難は、成立するか？

1について

正当防衛は、不正な侵害に対して認められます。

不正な侵害があったときに、その者に対して正当防衛が成立します。

設問6では、飼主の行為は、不正です。

このため、飼犬の殺害は、器物損壊等罪の構成要件には該当しますが、正当防衛が成立し、無罪です。

2について

緊急避難は、花瓶の損壊について成立します。

花瓶の所有者は、不正行為をしていないため、これに対する正当防衛は成立しません。

しかし、身体の傷害を避けるための、物の損壊は、緊急避難の**「法益均衡の原則」**を満たすので、緊急避難が成立します。

■用語解説■　緊急避難の「法益均衡の原則」

緊急避難は、「避難行為によって生じた害が避けようとした害の程度を超えなかった場合に限り」成立する。これを「法益均衡の原則」という。

《関連事項》対物防衛

飼犬による侵害が、飼主の故意・過失によるときは、正当防衛の問題が生じます。飼主の行為を「不正」ということができるからです。

しかし、震災で、飼犬が逃げ出したときなど、飼主の故意・過失がないときに、飼犬による侵害に正当防衛が成立するかどうかは、論争があります。

これが、対物防衛の問題です。

動物の侵害そのものについて、「不正」という評価をすることができるかによって結論が相違します。

「不正」とは人間の行為にのみ観念できると考えれば、対物防衛は否定されます。

→判例は、否定説に立つ（大判昭12.11.6）。

しかし、動物の侵害にも、不正という評価が可能とすれば、対物防衛は肯定されます。

参考判例

警察官が職務質問に際して、逃走した者を追跡し、その腕に手をかけて停止を求めることは、適法な職務行為であるから、これに対する暴行の行為は、正当防衛にはならない（最決昭29.7.15）。

設問7

心神喪失者の攻撃に対して、正当防衛は成立するか？

成立します。

正当防衛の要件である「不正な侵害」とは、違法な侵害であれば足り、侵害者の責任能力をも要するものではありません。

設問8

ケンカ闘争において、正当防衛は成立するか？

ケンカ両成敗の法理により、成立しないとするのが原則論です。
→ケンカは、不正対不正の関係になるため。

しかし、ケンカ闘争の過程で、それまでの同等の立場の攻撃・防御が、明らかに断絶したと認められるときは、正当防衛が成立する場合があります(最判昭32.1.22)。

設問9

他人の権利を防衛するために、正当防衛は成立するか？
また、国家的法益のための正当防衛はどうか？

他人の権利の防衛をするための、正当防衛は、することができます。
この点は、刑法36条1項に明文があります。

次に、国家的法益も、刑法36条1項の「他人の権利」に当たります。
したがって、国家的法益のための正当防衛は成立します。
しかし、その範囲は、限定されます。

判例は、国家的法益のための正当防衛は、国家公共の機関の有効な公的活動を期待できない、きわめて緊迫した場合に、その防衛行為が妥当性を認められるときにのみ、例外的に許容されるにすぎないとしています（最判昭24.8.18)。

これは、国家は、通常、その法益を擁護するための権力を備えているので、私人は、自ら行動せずとも、警察権の発動を促すなどの行為をすれば足りるからです。

設問10

防衛の意思は、正当防衛の成立の要件とされるか？

防衛の意思は、正当防衛の成立の要件です。

いわゆる偶然防衛は、正当防衛の要件を欠くため、違法な行為とされます。

→たとえば、AがBを殺害したときに、たまたま、BもAの命を狙っていたというような事案が、偶然防衛である。この場合、Aの行為は、防衛の意思を欠くことになる。

設問11

相手方の侵害行為に憤激して、反撃をした場合には、防衛の意思は認められるか？

相手方の侵害行為に、憤激または逆上して反撃を加えたときでも、防衛の意思を欠くものとはされません（最判昭46.11.16）。

正当防衛では、もともと、相手方の不正な侵害が事の発端であるため、冷静な防衛行為を求めることは困難な場合もあるからです。

設問12

正当防衛は、「急迫不正の侵害に対して、自己又は他人の権利を防衛するため、やむを得ずにした行為」と定義されるが、反撃行為の結果が、侵害されようとした法益を超える場合でも、「やむを得ずにした行為」といえるか？

「やむを得ずにした行為」とは、反撃行為が、侵害に対する防衛手段として相当性を有することを意味し、反撃行為の結果が、たまたま、侵害されようとした法益を超える場合でも、その行為が正当防衛でなくなるものではないという判例があります（最判昭44.12.4）。

したがって、設問の事例で、反撃行為について相当性の要件が認められれば、「やむを得ずにした行為」といえます。

→正当防衛については、「法益均衡の原則」は、必ずしも妥当しない。この点が、緊急避難の場合との相違点である。

設問13

反撃行為について、相当性の要件を満たさなかったときは、その行為は処罰されるか？

過剰防衛として、処罰されます（刑法36条2項）。

しかし、情状により、その刑が、減軽または免除されます。

→任意的減免事由となる。

正当防衛の他の要件は満たすものの、反撃行為としての相当性が認められないときは、過剰防衛となります。

過剰防衛は、違法ですから、有罪ですが、その刑が任意的に減軽または免除されます。

参考判例

老父が棒で打ちかかってきたときに、斧で反撃して死亡させたときは、過剰防衛と認めることができる（最判昭24.4.5）。

年齢も若く体力にも優れた相手方が、「殴られたいのか」と言って、手拳を前に突き出し、足を蹴り上げる動作をしながら迫ってきたときは、危害を免れるために包丁を腰に構えて脅迫しても、防衛手段としての相当性を超えたとはいえない（最判平1.11.13）。

◆一問一答◆

問　過剰防衛の場合、刑の減軽または免除がなされないこともあるか？

答　ある。過剰防衛は任意的な刑の減免事由でしかない。

設問14
誤想防衛に対して、正当防衛が成立するか？

誤想防衛は、急迫不正の侵害がないのに、それがあると誤信してする防衛行為です。

たとえば、相手方がポケットに手を入れた行為を、ナイフを取り出すものと誤信して、反撃行為をするようなケースです。

誤想防衛は、違法な行為です。

したがって、誤想防衛による侵害行為に対しては、正当防衛をすることができます。

設問15
誤想防衛は、処罰されるのか？

相手方がポケットに手を入れた行為を、ナイフを取り出すものと誤信して、反撃行為をした場合、その行為は、暴行罪等の構成要件に該当し、違法な行為です。

しかし、**責任のレベル**で、**故意が阻却**されます。

誤想防衛の行為者は、自己の反撃を、やむを得ずにしたものと認識しているので、責任の前提である非難可能性を欠きます。

非難可能性は、行為者が事実を認識し、**規範の問題に直面**しながら反対動機を形成せず、あえて違法な行為に出たときに生じます。

しかし、誤想防衛の場合は、事実の認識に錯誤があるので、非難可能性が生じることはなく、故意責任を問うことができません。

このため、誤想防衛は、その誤想に過失があったときに、**過失犯**として処罰が可能となるにすぎません。

参考判例

誤想防衛が、防衛の程度を超えるときも、刑法36条２項（過剰防衛の規定）を適用することができる（最決昭41.7.7）。

設問16

緊急避難とは、何か？

緊急避難とは、「自己又は他人の生命、身体、自由又は財産に対する現在の危難を避けるため、やむを得ずにした行為」をいいます（刑法37条１項）。

緊急避難による行為は、「これによって生じた害が避けようとした害の程度を超えなかった場合に限り」罰せられません。

緊急避難の要件と正当防衛の要件は、次のように対応します。

1．現在性

正当防衛の急迫性の要件と同じ意味です。法益侵害が現実にあることまたはその危険が目前に切迫することをいいます。

2．危難

緊急避難における危難は、人の行為のほか、動物の動作、自然現象を含みます。

たとえば、山火事が目前に迫ったため、他人の山林を伐採して、自己の建築物の延焼を免れることは、緊急避難に当たります。

›山林より、建築物のほうが、価値が高いと考えられるため。

◆一問一答◆

問　自然現象に対して正当防衛が成立することがあるか？

答 ない。自然現象が「不正」ということはありえない。

3．自己または他人の生命、身体、自由または財産

危難を避けることにより保護されるべき法益には、制限はありません。

この点は、正当防衛と同様と解してよろしいです。

4．やむを得ずにした行為

緊急避難においては、「やむを得ずにした行為」は、その危難を避けるために唯一の方法であり、他にとるべき途がなかったことを意味します。

これを**「補充の原則」**といいます。

→この点の解釈は、正当防衛の場合よりも、厳格である。

◖ポイント◗ 緊急避難の性質

緊急避難は、正対正の関係であり、ある法益を守るために、他の正当な法益を犠牲にします。

このため、法益均衡の原則、補充の原則が要求されます。

参考判例

豪雨のため、水田耕作が著しい侵害を受けつつあることは、財産に対する現在の危難である（大判昭8.11.30）。

機関車がトンネルを通過するときに、トンネル内で有毒ガスなどにより、呼吸困難が生じるおそれがあるときに、これを避けるために、国鉄機関士が、3割減車をすることは、やむを得ない行為であるといえる（最判昭28.12.25）。

→機関士の行為は、補充性の原則を満たすとする趣旨。

《関連事項》業務上特別の義務を有する者

刑法37条2項は、業務上特別の義務がある者には、緊急避難の規定を適用しない旨を定めます。

これは、警察官や消防士などが、自己の危難の際に、他人の法益を犠牲にして自己の法益を守ることを禁じた規定です。

設問17

自己の生命を守るために、他人の生命を犠牲にした場合、緊急避難は成立する可能性があるか？

成立の可能性があります。

法益均衡の原則の、これによって生じた害が避けようとした害の程度を「超えなかった」場合とは、生じた害と避けようとした害が同点のときを含みます。

◆一問一答◆

問　高価な飼い犬が野犬に襲われたので、その野犬を殺害した。緊急避難が成立するか？

答　成立しない。刑法に「野犬を殺す罪」は存在しないので、殺害行為は、そもそも構成要件に該当せず、緊急避難を含む違法性の問題を論じる余地がない。

設問18

自らの行為により招いた危難について、緊急避難は成立するか？

自招危難の問題です。

たとえば、自己のスピード違反により、ある者をひき殺しそうになり、これを避けるために、他の者を負傷させたというような事案です。

緊急避難の成否については、肯定、否定の両説があります。

肯定説は、刑法37条1項は、現在の危難というのみで、自己の責めによらない危難とは明記していないことを論拠に挙げます。

これに対して、否定説は、危難は偶然の事実を意味すると解します。

参考判例

現在の危難が、行為者の有責行為により、自ら招いたものであり、社会通念上、その避難行為を是認することができないときは、緊急避難は成立しない（大判大13.12.12）。

設問19

過剰避難は、処罰されるか？

避難の程度を超えた場合を、過剰避難といいます。

→法益の均衡、補充性のいずれかを満たさないとき。

過剰避難は、違法であり処罰の対象となりますが、情状により、刑が減軽または免除されます。

→過剰防衛と結論が同じである。

《関連事項》**刑の免除とは？**

刑の免除は、有罪判決です。

有罪ではあるが、その刑の執行を免除するという意味です。

参考判例

つり橋の腐朽がはなはだしく、いつ落下するかも知れない危険な状況にあっても、ダイナマイトでこれを破壊する行為は、その危険を避けるためのやむを得ない行為とはいえない（最判昭35.2.4）。

設問20

私人が、現行犯逮捕をしようとしたときに、犯人から抵抗を受けたので、犯人に対して実力行使をした場合、処罰されるか？

実力行使の方法が、逮捕のために必要かつ相当であれば、たとえその行為が刑罰法規に触れても、処罰されません（最判昭50.4.3）。

刑法35条の、法令による行為として、違法性が阻却されるためです。
→刑事訴訟法213条は、「現行犯人は、何人でも、逮捕状なくしてこれを逮捕することができる。」と規定している。

設問21

被害者が承諾した場合、次の犯罪は成立するか？

1．虚偽告訴罪
2．窃盗罪
3．傷害罪
4．殺人罪
5．不同意性交等罪

1について

成立します。

虚偽告訴罪は、**国家の審判作用の安全**が保護法益です。

国家的法益に対して、被害者には、承諾権限がありません。

したがって、犯罪が成立します。

2について

成立しません。

承諾があるときは、「窃取」に当たらないので、そもそも、窃盗罪の構成要件に該当しません。

3について

成立しない可能性があります。

傷害罪の場合には、被害者の承諾があっても、「人の身体を傷害する」という構成要件に該当します。

そこで、次の段階である違法性の問題が生じますが、被害者の承諾があるときは、違法性を阻却する可能性が生じます。

《関連事項》医師の医療行為

医師がする手術などは、傷害罪の構成要件に該当します。

しかし、患者の承諾を得た上での手術は、刑法35条の正当業務行為として違法性を阻却すると考えられます。

また、患者の承諾のない手術も、緊急避難として、違法性が阻却される可能性があります。

4について

殺人罪は、成立しません。

しかし、同意殺人罪が成立します（刑法202条）。

→傷害罪には、同意傷害罪という罪が存在しない。このため、被害者の承諾があるときに、傷害罪として、有罪か無罪かの問題が生じるのである。

5について

相手が16歳以上であって、その真意に基づく承諾があるときは、不同意性交等罪には当たらず無罪です。

しかし、次の場合には、被害者の承諾の有無にかかわりなく、不同意性交等罪が成立します（刑法177条3項）。

① 被害者が16歳未満

② 被害者が13歳以上16歳未満の場合は、加害者が被害者よりも5年以上前の日に生まれた者であるとき

たとえば、18歳のAと14歳のBが性的行為をした場合、その年齢差は5年に満たないので、Bの同意があれば、Aには不同意性交等罪は成立しません。

もし、Bが13歳未満の場合には、Aの年齢を問わず、また、お互いの合意のうえの行為であったとしても、Aには不同意性交等罪が成立することとなります。

《関連事項》承諾の態様

承諾は、その意味を解するものが、任意かつ真意にする場合のみ、犯罪の成否に影響があります。

刑法177条3項が、13歳未満の者に性交等する行為を、その承諾があっても処罰するのは、その年齢では、承諾に必要な心身の成熟度が足りないから、承諾を無効と解するためです。

◆一問一答◆

問　結局、上記の１から５のうち、被害者の承諾が違法性を阻却するかどうかが問題になったのはどの場合か？

答　傷害罪の場合のみである。

参考判例

過失による自動車衝突事故を装って、保険金を詐取する目的で、被害者の承諾を得てその者に故意に自己の運転する自動車を衝突させて傷害を負わせたときは、その承諾は違法なものであって、傷害罪の違法性を阻却しない（最決昭55.11.13）。

→判例は、承諾に基づく傷害行為が、社会的に相当である限度で、同意傷害は、違法性を阻却するという立場であるとされている。

交通反則切符の供述書を他人の名義で作成することは、あらかじめその者の承諾を得ていたときも、私文書偽造等罪が成立する（最決昭56.4.8）。

→交通反則切符の供述書は、本人しか作成できない書類なので、承諾が無効と考えられる。

強盗犯人が、「こんばんは」と挨拶したので、「おはいり」と答えたときでも、住居侵入罪が成立する（最大判昭24.7.22）。

→真意に基づく承諾ではないので、無効である。

自殺の何たるかを理解しない５歳の幼児は、同意殺人罪における承諾をする能力を有しない（大判昭9.8.27）。

→５歳の幼児が承諾した上での心中は、殺人罪に当たることになる。

設問22

次の場合、違法性が、阻却されるか？

１．行為の際に承諾はないが、事後の承諾を予期することができるとき。

２．被害者が事実を知ったとすれば、当然に承諾すると考えられるとき。

1について

行為の際に承諾がないので、その行為は違法となります。

→事後の承諾は、効力がない。

2について

違法性が阻却されます。

→行為時の承諾が推定されるケース。これを推定的承諾という。

→たとえば、火災の際に、隣家に立入り、貴重品を運び出してあげたとき、住居侵入罪、窃盗罪は、成立しない。

◆一問一答◆

問 AはB宅から金品を盗み出したが、帰宅途中のBから「それはあげるよ」と言われた。窃盗罪は成立するか？

答 成立する。事後の承諾は犯罪の消長に影響がない。

6 責　任

刑法38条（故意）

1項　罪を犯す意思がない行為は、罰しない。ただし、法律に特別の規定がある場合は、この限りでない。

この規定は、刑法は、故意犯を処罰するという意味です。

過失犯は、法律に特別の規定がある場合に限り、処罰の対象となります。

→たとえば、器物損壊等罪には、過失を処罰する規定がないので、不可罰となる。

設問1

未必の故意と認識ある過失の相違を述べよう。

結果の発生は確実ではないが、その可能性を知りながら、発生してもかまわないと思ったときは、**未必の故意**となります。

「発生してもかまわない」という部分が、結果の**認容**です。
結果の認容があるときは、故意犯として処罰されます（認容説）。

これに対して、結果の発生の可能性は、認識しているが、**認容がない**ときは、**認識ある過失**となります。

たとえば、人が多数いる狭い道に自動車を侵入させたとき、人を轢いてもかまわないと思ったときは、殺人の故意犯が成立しうることになります。

しかし、自己のドライブテクニックを信じて、危険は承知だが、人を轢くことはないと認識していれば、認識ある過失の問題です。

刑法38条（故意）
2項　重い罪に当たるべき行為をしたのに、行為の時にその重い罪に当たることとなる事実を知らなかった者は、その重い罪によって処断することはできない。

行為者が、**事実の認識**を欠くときは、故意犯として処罰することができません。
→過失犯の問題となる。

事実の認識を欠くときは、故意犯としての、非難可能性が生じないからです。
これが、**事実の錯誤**の問題です。

設問2
行為の是非を弁別する能力があるが、その弁別に従って行動する能力のない者は、心神喪失者か？

心神喪失者です。したがって、その者の行為は無罪です（刑法39条1項）。
是非の弁別能力、弁別に従い行動する能力の、いずれかを欠くときに心神喪失者となります。

なお、心神耗弱者は、是非の弁別能力、弁別に従い行動する能力の、いずれかが著しく低いものをいい、その刑は、必ず減軽されます（刑法39条2項）。

設問3

甲が、ピストルで乙を撃ったところ、傍らの丙に当たり丙が死亡した。甲に殺人既遂罪が成立するか？

成立します。

設問の事例は、同一の構成要件（殺人）における事実の錯誤の問題であり、これを具体的事実の錯誤といいます。

この問題は、甲の故意の内容は、何かという問題です。

判例・通説は、甲の故意とは、「人を殺すこと」であると考えます。

これを**法定的符合説**といいます。

これは、刑法199条は、「人を殺す」行為を構成要件とするので、甲の故意の内容を法内容である「人を殺すこと」に符合させるという意味です。

とすると、甲は、人を殺す意図の下に人を殺したので、丙に対する殺人既遂罪となります。

→このほか、乙に対する殺人未遂罪も成立する。判例は、故意の個数を問題にしないためである。

《関連事項》故意の個数

法定的符合説は、故意の内容を「人を殺すこと」というように抽象化します。

したがって、その個数を問題にしません。

1人を殺す意図で、ピストルを撃ち、これにより2名が死亡したときは、2つの殺人罪が成立し、観念的競合となります。

参考判例

甲を殺害するために日本刀で突き刺し、甲の抱いていた幼児乙をも殺害したときは、乙に対しても殺人罪が成立する（大判昭8.8.30）。
→2個の殺人罪が成立し、観念的競合となる。

宿題1｜ 観念的競合とは、何か？

これに対して、**具体的符合説**は、甲の故意を「乙を殺すこと」であると考えます。

この場合、甲は、乙の殺害には失敗したのでこの点について殺人未遂となりますが、丙の殺害は意図していなかったので、故意を阻却し、丙に対しては過失致死罪が成立します。

宿題1の解答▼

観念的競合とは、1個の行為が2個以上の罪名に触れることです。
いわゆる科刑上一罪の1つであり、数罪が成立し、その最も重い刑により処断されます（刑法54条1項）。

《関連事項》具体的符合説の場合
甲が乙を殺害する意図で、誤って、乙に似た丙を殺害したときは、ピストルの弾は狙いの標的に当たっているので、具体的符合説によっても、丙に対する殺人既遂となります。

参考判例

人を殺す意図で殺傷したときは、被害者を誤認した場合でも、殺人の故意を阻却しない（大判大11.2.4）。

設問４

因果関係の錯誤は、故意を阻却するか？

故意を阻却しません。

人を溺死させるため、橋から突き落としたが、被害者が橋脚に頭をぶつけて死亡したケースを、**因果関係の錯誤**といいます。

人を殺す意図の下で、人が死亡したので、殺人既遂です。

→具体的符合説によっても、特定の人を殺す意図の下で、その人が死亡したので、殺人既遂です。

参考判例

殺意をもって麻縄で首を絞めたところ、被害者が身動きをしなくなったので、死亡したと誤認した犯人が、被害者を海岸に放置したところ、被害者が砂末を吸い込んで死亡したときは、殺人罪が成立する（大判大12.4.30）。

宿題２　甲が乙の首を絞め、死んだものと誤信して海中に遺棄したところ、乙は溺死した。甲に死体遺棄罪は成立するか？

設問５

他人の犬を殺すため、ピストルを撃ったが、傍らの人に当たった場合、法定的符合説によれば、どういう罪が成立するか？

この事例は、器物損壊と殺人という異なる構成要件間の錯誤の問題です。これを、**抽象的事実の錯誤**といいます。

物を壊す故意（器物損壊等罪）と、人を殺す故意（殺人罪）は、法定的に符合しません。

行為者には、物を壊す故意しかないので、殺人の故意が阻却されます。

したがって、判例の立場からは、次の結論となります。

１．器物損壊等罪の未遂は、処罰規定がないので、不可罰。

2．人の死亡については、故意が阻却されるので、過失致死罪。

宿題2の解答▼

成立しません。
海中に遺棄した際に、乙は、死体ではなかったからです。

設問6

人を殺すため、ピストルを撃ったが、傍らの飼犬に当たった場合、法定的符合説によれば、どういう罪が成立するか？

行為者には、人を殺す故意しかないので、物を壊す故意が阻却されます。
法定的符合説から、次の結論となります。
1．殺人未遂罪が成立する。
2．犬の死亡については、故意が阻却される。過失による器物損壊等罪は、処罰規定がないので、不可罰。

設問7

他人の犬を殺すため、ピストルを撃ったが、犬と思ったのが人であったため、人を殺害した。法定的符合説によれば、どういう罪が成立するか？

法定的符合説から、次の結論となります。
1．器物損壊等罪の未遂は、不可罰。
2．人の死亡については、故意を阻却するから、過失致死罪。

設問8

人を殺すため、ピストルを撃ったが、人と思ったのが飼犬であったため、犬を殺害した。法定的符合説によれば、どういう罪が成立するか？

法定的符合説から、次の結論となります。
1．犬の殺害については、故意を阻却する。過失による器物損壊等罪は、処罰規定がないので、不可罰。
2．人を殺そうとした点については、結果発生の可能性が絶対にないといえれば、不能犯となる。

設問９

甲は、遺失物を領得する意図でベンチの財布を拾った。しかし、その財布は、近くで会話をしていた乙の物であった。甲に犯罪は成立するか？

判例は、法定的符合説に加えて、**重なり合いの限度論**をとります。

甲は、遺失物横領の意思で、客観的には、窃盗罪に当たる行為をしています。

抽象的事実の錯誤の問題ですが、しかし、設問９のケースは、いずれも、財産犯であるという点で、構成要件に重なり合いが認められます。

判例は、この場合には、重なり合いの限度で、軽いほうの罪（遺失物等横領罪）の故意を認めます。

したがって、甲には、遺失物等横領罪が成立します。

参考判例

覚せい剤を麻薬と誤認して所持したときは、麻薬所持罪と覚せい剤所持罪は、犯罪構成の要件要素が重なり合っているから、軽いほうの麻薬所持罪が成立する（最決昭61.6.9）。

設問10

法律の錯誤は、故意を阻却するか？

故意を阻却しません。したがって、故意犯が成立します。

法律の錯誤は、禁止の錯誤ともいいます。

行為者が、その行為が刑罰をもって禁止された行為であることの認識がない場合です。

犯罪事実の認識はあるので、事実の錯誤には当たらず、故意は阻却されません。

刑法38条3項は、「法律を知らなかったとしても、そのことによって、罪を犯す意思がなかったとすることはできない。ただし、情状により、その刑を減軽することができる。」と規定します。
→法律の錯誤は、任意的減軽事由となる。

参考判例

「もま」と俗称される動物を、狩猟法の禁猟の対象である「むささび」と知らずに捕獲したときは、法律の不知であり、故意を阻却しない（大判大13.4.25）。
→法律の錯誤だから、故意を阻却しないという趣旨。

「むじな」を狩猟法の禁猟動物である「たぬき」とは別物であると信じて捕獲をしたときは、「たぬき」を捕獲するという認識を欠くので、犯意を阻却する（大判大14.6.9）。
→「むじな」と「たぬき」は、別の動物と一般に信じられていた事例。判例は、これを事実の錯誤の問題とした。

◆一問一答◆

問　次のうち行為者の故意を阻却するのは、いずれか？
1．事実の錯誤
2．法律の錯誤

答　1の「事実の錯誤」である。

設問11

期待可能性とは、何か？

超法規的責任阻却事由の1つです。

適法行為を期待する可能性がないときは、行為者に責任が生じません。

責任の本質である非難可能性は、行為者が適法行為をすることもできる場合に、規範の問題に直面しながら、あえて違法な行為をしたときに生じるためです。

参考判例

期待可能性が存在しないことを理由として刑事責任を否定する理論は、刑法の明文によるものではなく、超法規的責任阻却事由と解すべきである（最判昭31.12.11）。

設問12

刑法38条１項は、法律に特別の規定がある場合に限り、過失を処罰するとしているが、過失を処罰するためには、過失を処罰するという明文の規定を要するか？

明文規定は要しません。刑罰法規の趣旨から、過失をも処罰する趣旨であると解釈できれば足ります（最判昭57.4.2）。

《関連事項》過失の処罰の根拠

過失の処罰の根拠には諸説ありますが、注意義務を怠り、結果発生を予見すべきであったのに、これを予見しなかった点に、非難可能性が生じると考えればよいでしょう。

設問13

業務上過失致死傷罪の業務とは何を意味するか？

業務とは、社会生活上の地位に基づいて反復継続する行為であり、かつ、人の生命・身体に**危害を加えるおそれ**のある行為をいいます。

1．反復継続する意思があれば足りる。

医師免許をもたない者の最初の医療行為も、業務となります。

2．人の生命・身体に危害を加えるおそれのある行為である。

娯楽のためにする狩猟も、危険があるから、業務です。

なお、自転車の運転や、育児は、業務ではありません。したがって、母親が育児の際に誤って子を殺してしまったときは、「過失致死罪」となります。

「業務上の過失」については、業務者としての重い注意義務があるため、通常の過失よりも重く処罰されます。

→なお、「重過失」は、注意義務の程度は重くないが、過失の程度が重いことを意味する。

《関連事項》業務妨害罪における業務

業務妨害罪（刑法233条後段、234条）における業務は人が社会生活上の地位に基づいてする仕事を意味します。

→危険でない仕事も業務となるが、娯楽は業務ではない。

設問14

信頼の原則とは、何か？

信頼の原則は、過失犯の**処罰の範囲を抑制**するための考え方です。

判例・通説は、これを肯定します。

その内容は、被害者や第三者の適切な行動を信頼したときには、その信頼が裏切られても、結果に対する責任を負わないという考え方です。

参考判例

旅客の整理を行う駅員は、酔客を下車させるときは、その者が安全の保持に必要な行動をとるものと信頼すれば足り、あえて下車後の動向を注視し、万一の転落にそなえて線路敷までを点検する注意義務を負わない（最判昭41.6.14）。

右折の合図をしながら、右折を始めようとする原動機付自転車の運転者は、後方から来る他の車両の運転者が、交通法規を守り、速度を落として自車の右折を待って進行するなど、安全な方法で進行するであろうことを信頼して運転すれば足りる（最判昭42.10.13）。

→右折の際に、後方にまで注意せよというのは、無理難題であるので、信頼の原則を適用した。

設問15

後部の荷台に同乗者のいることを知らない運転手が、制限速度の２倍を超える高速で運転したが、ハンドル操作を誤り、自車を信号柱に激突させ、同乗者を死亡させたとき、過失運転致死傷罪は成立するか？

成立します（最決平1.3.14）。

無謀な運転により、人が死亡することの予見が可能であるため、判例は、過失運転致死傷罪（当時は、業務上過失致死罪）の成立を認めました。

7 共　犯

共犯とは、２人以上の者が、共同して犯罪を実現することをいいます。

設問１

共同正犯とは、何か？

２人以上共同して犯罪を実行した者は、すべて正犯とされます（刑法60条）。これを、**共同正犯**といいます。

共同正犯の場合、**「一部実行全部責任の法理」**が適用されます。

Ａが被害者の手足を押さえ、Ｂが刺殺したときは、ＡＢの双方が、殺人の共同正犯です。

→手足を押さえただけのＡにも、殺人罪が適用される。

設問2

共同正犯の成立要件を挙げよ。

次の2つです。

1．共同実行の意思

黙示のものでもかまわない。

Aが恐喝行為をしていたところ、悪友のBが以心伝心でこれに加功したときなど。

2．共同実行の事実

構成要件事実の一部を担当すれば、共同実行の事実があったことになる。

参考判例

共同正犯は、行為者の双方に意思の連絡があることを要件とするが、事前の打ち合わせは、必ずしも要しない（最判昭23.12.14）。

強盗の共謀者の1人が、夜間、ピストルで被害者を脅迫した際、他の1人が、かたわらに佇立していたときは、強盗罪の共同正犯である（最判昭23.6.22）。

宿題1　共同正犯において、共犯者の1人が自首をしたときは、他の者の刑が減軽されることがあるか？

宿題1の解答▼

ありません。

自首の効果は、自首をした者についてだけ生じます。

＜参考条文＞　刑法42条（自首等）

1項　罪を犯した者が捜査機関に発覚する前に自首したときは、その刑を減軽することができる。

→自首は、任意的減軽事由である。
→捜査機関に発覚した後（犯罪事実と犯人が発覚した後）には、自首は成立しないことに注意のこと。
→なお、首服について、刑法42条２項を参照のこと。

設問３

Ａは甲宅に侵入して窃盗行為を行い、その間、Ｂは通行人の有無などの見張り行為をしていた。Ｂに窃盗罪は成立するか？

ＡＢ間に窃盗の共謀があるときは、Ｂに窃盗罪が成立します。

本事例では、Ｂは窃盗の構成要件となる行為（窃取する行為）をしていません。

窃盗について共同実行の事実の要件を欠きますが、判例は、ＡＢ間に共同謀議が成立しているときは、その双方が、共同正犯となるとしています。

これを、共謀共同正犯といいます。

参考判例

強盗を共謀したときは、見張りをしただけでも、共同正犯の責めを免れない（最判昭23.3.11）。

甲が生活費欲しさから強盗を計画し、12歳10か月の長男乙に指示命令して強盗を実行させた場合において、乙には是非弁別の能力があり、甲の指示命令は乙の意思を抑圧するに足る程度のものではなく、乙は自らの意思によりその実行を決意した上、臨機応変に対処して強盗を完遂し、乙が奪ってきた金品をすべて甲が領得したときは、甲について強盗の間接正犯または教唆犯ではなく共同正犯が成立する（最決平13.10.25）。

宿題２　ＡとＢが殺人を共謀し、その後にＢとＣが同一の殺人を共謀したときは、ＡＢＣ間に共謀関係が成立するか？

設問4

AとBが共同してCに暴行を加えた。
Aの暴行行為によりCが死亡したとき、AとBの罪責はどうか？

ＡＢの双方に、傷害致死罪が成立します。

結果的加重犯については、基本となる犯罪について故意があれば、これによって生じた結果についての責任を問われます。

傷害罪は暴行罪の、傷害致死罪は傷害罪の、それぞれ結果的加重犯であるから、「一部実行全部責任の法理」により、ＡおよびＢは、傷害致死罪の共同正犯です。

■用語解説■　結果的加重犯

１つの構成要件の内容である基本行為によって、行為者の予期しない重い結果が生じた時に、その重い結果の発生により刑が加重される犯罪類型をいう。

暴行行為（行為者に相手にケガをさせる意思はない）の結果、相手がケガをすれば傷害罪、死亡すれば傷害致死罪が成立するのがその典型例である。

参考判例

暴行について共謀があるときは、その結果である死傷について、共謀者全員が共同正犯として責任を負う（最判昭23.5.8）。

宿題2の解答▼

成立します。

したがって、その後に、ある者が殺人を実行すれば、他の者も殺人の共謀共同正犯になります。

設問５

ＡとＢは、恐喝の共謀をした。
Ａが共謀の範囲を超えて、強盗行為をしたときは、Ｂの罪責はどうか？

Ｂは、恐喝罪です（最判昭25.4.11）。
共謀関係の成立した範囲で、責任が生じます。

設問６

暴行の共謀をした者のうち、１人が殺人をしたときは、他の者の罪責はどうか？

他の者は、傷害致死の共同正犯となります（最決昭54.4.13）。
この事例で、判例は、重なり合いの限度論により、殺人と傷害致死のうち軽い限度の傷害致死罪の共同正犯を認定しました。

設問７

共同正犯者のうち、１人が、自己の意思によって犯行を中止したときは、その者は、共同正犯の罪責を免れるか？

他の者の犯行を阻止しなければ、共同正犯の責めを免れません（最判昭24.12.17）。

参考判例

甲・乙が共同して丙に暴行をした後、甲が現場を去るときに、乙がなおも丙に暴行を加えるおそれがあるのに、何らの措置を取らなかったときは、甲・乙間の共犯関係がその時点で解消したとはいえない（最決平1.6.26）。

設問８

いったん、共謀が成立したときは、どういう場合に、共謀関係からの離脱が認められるか？

次の2つが要件です。
1．他の共犯者に離脱の意思を表示すること
2．他の共犯者の承諾を得ること

以上です。
上記のうち、いずれかを欠くときは、共謀関係からの離脱が認められません。

参考判例

共犯者数名と住居に侵入して強盗に及ぶことを共謀した者が、共犯者の一部が住居に侵入して強盗に着手する前に、住居内に侵入していた見張り役の共犯者に電話で「犯行をやめた方がよい、先に帰る」などと一方的に伝えて、その見張り役らと共に離脱しても、当初の共謀関係が解消したとはいえない（最決平21.6.30）。

設問9

過失犯について、共同正犯が成立することはあるか？

あります。
共通の注意義務への違反ということがありうるためです。

参考判例

飲食店の共同経営者が、過失によってメタノール含有飲料を販売したときに、意思を連絡して販売したものと認められるときは、共同正犯となる（最判昭28.1.23）。

予備罪にも、共同正犯が認められる（最決昭37.11.8）。

設問10

承継的共同正犯とは、どういう問題であるか？

Aが強盗行為をしているときに、通りかかった悪友Bと意思の連絡を生じて、両名で金品を被害者から奪取したときに、Bに強盗罪が成立するかという問題が、**承継的共同正犯**の問題の一例です。

B自体は、強盗の構成要件である暴行脅迫行為を行っていないから、Bには強盗罪は成立しないという考え方も成立します。

これが、承継的共同正犯を認めない考え方です。

これに対して、Aの暴行脅迫行為を積極的に利用したのだから、Bも強盗の罪責を負うという考え方もあります。

これが、承継的共同正犯を認める考え方です。

設問11

教唆犯とは、何か？
また、教唆犯には、どういう刑が科されるか？

教唆犯とは、人を教唆して犯罪を実行させることをいいます（刑法61条1項）。

教唆犯には、正犯の刑が科されます。

→教唆者を教唆した者も、同様である（刑法61条2項　間接教唆）。

参考判例

教唆者を教唆した者も教唆者であるから、さらにこれを教唆した者も、刑法61条2項にいう教唆者を教唆した者に当たる（大判大11.3.1）。

→再間接教唆の事案である。

教唆を共謀した者のうち、一部の者が、教唆を行い被教唆者に犯罪を実行させたときは、教唆を共謀した者の全員に、教唆犯が成立する（大判明41.5.18）。

設問12

すでに犯罪行為を決意している者に対して、教唆をすることができるか？

できません。

教唆とは、**他人に犯罪を決意せしめること**を意味します。

すでに犯罪行為を決意している者に、その犯罪をしろとそそのかしても、激励をしたという意味で、従犯となる可能性があるだけの話となります。

設問13

ヤクザの親分が、子分に「何か（犯罪を）やってこい」と命じたとき、親分に教唆は成立するか？

成立しません。

教唆犯は、**特定の犯罪**を決意せしめたときに成立します。漠然と「何かやってこい」というだけでは、成立しません。

→日時、場所の特定までは要しないが、特定の犯罪を決意させることを要する。

参考判例

教唆犯の成立には、ただ漠然と犯罪を惹起させるだけでは足りないが、一定の犯罪を特定の者に決意させるものであれば、その手段、方法は、指示、指揮、命令、嘱託、誘導などを問わない（最判昭26.12.6）。

設問14

Aは、Bに対して、ある窃盗行為の決意をさせた。

しかし、Bが窃盗の実行に着手しなかったとき、Aに窃盗教唆は成立するか？

成立しません。

狭義の共犯（教唆と従犯）は、**正犯が実行に着手**することによって成立します。

→判例・通説である共犯従属性説の考え方である。
→なお、共犯独立性説は、設問14のケースでも、Aに教唆犯の成立を認める立場である。

《関連事項》因果関係

共犯従属性説では、教唆行為と正犯者の犯罪行為に因果関係を要します。

Aが、Bに対してある窃盗行為の決意をさせたが、Bが別の理由で他の窃盗行為をしたのであれば、Aに窃盗教唆は成立しません。

設問15

Aが、Bに対して、ある窃盗行為の決意をさせた。
Bの窃盗行為が未遂に終わったとき、Aの罪名は？

Aは、窃盗未遂の教唆となります。

これも、共犯従属性説の帰結です。

設問16

Aが、Bに対して、ある窃盗行為の決意をさせた。
Bが窃盗行為をしたが、処罰されなかった場合に、Aに窃盗教唆が成立することがあるだろうか？

あります。

教唆は、被教唆者が犯罪の実行に着手すれば成立します。

被教唆者が、処罰されることは要しません（大判明44.12.18）。

→たとえば、Bが13歳であり責任能力がない場合や、Bが自己の血族から盗んだため刑が免除されるとき（親族相盗例）も、Aに窃盗教唆は成立する。
→なお、12歳の養女が、日ごろから養親の言動に畏怖し、意思を抑圧されていたという特殊な事例で、養親が養女に窃盗行為を行わせたときは、養親に窃盗の間接正犯が成立するとした判例がある（最決昭58.9.21）。

設問17

暴行を教唆した者は、その結果である傷害致死について責めを負うか？

責めを負います（大判大13.4.29）。
→傷害致死は、暴行罪の結果的加重犯であるため。

設問18

Aが、Bに対して、ある窃盗行為の決意をさせた。
Bがこれにより強盗をしたときは、Aの罪責はどうか？

Aは、窃盗教唆の罪責を負います（最判昭25.7.11）。
本事例は、教唆における錯誤の問題です。
判例は、構成要件の重なり合いの限度論により結論を出します。

参考判例

虚偽公文書作成の教唆を共謀した者の1人が、他の共謀者にはかることなく、公文書偽造の方法により目的を達した場合、他の共謀者は、虚偽公文書作成教唆の責任を負う（最判昭23.10.23）。
→虚偽公文書作成罪と公文書偽造等罪の両罪に、構成要件の重なり合いを認めた判例である。

設問19

Aが、Bに甲宅に侵入して窃盗をするよう教唆したところ、Bは誤って乙宅に侵入して窃盗をした。Aの罪責は？

住居侵入・窃盗教唆です。
Aは住居侵入・窃盗を教唆し、Bが住居侵入・窃盗をしたので、法定的符合説から結論がでます。

設問20

窃盗犯のAは、Bを教唆して自己の逃走経路を確保させた。
Aに、犯人隠避罪の教唆が成立するか？

成立します（最決昭40.2.26）。

Aが、自らの行方をくらますことは、犯罪に当たりませんが、しかし、他人であるBに犯罪を行わしめることは防御権の濫用に当たるので、教唆犯が成立します。

設問21

従犯とは、何か？
また、従犯には、どういう刑が科されるか？

従犯とは、正犯を幇助することです（刑法62条1項）。

その刑は、正犯の刑を減軽します（刑法63条）。

→なお、従犯を教唆した者には、従犯の刑が科される。

《関連事項》宣告刑

刑法63条は、法定刑を減軽した刑を処断刑とするという意味であり、宣告刑のことではありません（大判昭8.7.1）。

たとえば、詐欺罪は懲役10年以下、詐欺の従犯は懲役5年以下が処断刑となります。

実際に言い渡される刑（宣告刑）は、上記の範囲内であればよいので、詐欺の正犯者が懲役1年、従犯の者が懲役3年というように、従犯の宣告刑が重くなることは考えられます。

◆一問一答◆

問 教唆犯については、正犯の刑が減軽されるか？

答 減軽されない。教唆犯には正犯の刑が科される（刑法61条1項）。

設問22

正犯者と、従犯者に意思の連絡がないときでも、従犯が成立することがあるか？

あります。

設問の事例を、片面的従犯といいます。

→たとえば、Ａの犯罪行為を、Ｂが陰で支えたケースである。
→なお、片面的共同正犯、片面的教唆犯は、ありえないと解してよい。

参考判例

従犯の主観的要件として、従犯者が正犯の行為を認識し、これを幇助する意思があれば足り、正犯者との間に意思の連絡を要しない（大判大14.1.22）。

設問23

公務員でない者が、収賄罪の正犯となることがあるか？

ありあます。

収賄罪は、公務員のみがすることができる身分犯です（刑法197条１項）。

しかし、共犯としてであれば、非公務員が収賄罪の主体となることがあります。

たとえば、非公務員Ａが公務員と共謀して、Ａに収賄を行わせるケースです。この場合、Ａも収賄罪の共同正犯となります。

刑法65条（身分犯の共犯）
１項　犯人の身分によって構成すべき犯罪行為に加功したときは、身分のない者であっても、共犯とする。

設問23のケースは、非身分者が、身分者の犯罪に加功する、**真正身分犯**の問題であり、刑法65条１項が適用されます。

参考判例

刑法65条１項の共犯には、共同正犯、教唆犯、従犯を含む（大判昭9.11.20）。

身分とは、男女の性別、内外国人の別、親族の関係、公務員たる資格のよ

うな関係だけでなく、すべて一定の犯罪行為に関する犯人の人的関係である特殊の地位または状態を意味する（最判昭27.9.19）。
→刑法における「身分」の意味は、日常用語のそれよりも広いのである。

設問24

Aが業務上の占有者、Bが単純占有者として共同占有する他人の物を、共同して領得したときは、AとBは、それぞれいかなる罪責を負うか？

Aは業務上横領罪、Bは単純横領罪です。

この事例は、身分によって刑に軽重がある場合に当たり、**不真正身分犯**の問題となります。
→業務上横領罪のほうが、罪が重い。

不真正身分犯には、刑法65条2項が適用されます。

刑法65条（身分犯の共犯）
2項　身分によって特に刑の軽重があるときは、身分のない者には通常の刑を科する。

設問25

Aが業務上の占有者、Bは占有者でないときに、AとBが共謀して他人の物を領得したときは、AとBは、それぞれいかなる罪責を負うか？

AおよびBは、業務上横領罪の共同正犯です（最判昭32.11.19）。
しかし、刑法65条2項により、Bには、単純横領罪の刑が科せられます。

この問題は、Bは、非身分者である（占有がない）ため、真正身分犯の問題になります。

このため、Bには、業務上横領罪が成立します。

しかし、業務上横領罪が重く処罰される理由は、業務者としての義務違反に理由があるので、業務上の占有を有しないＢには、処罰の段階で単純横領罪の刑を科すとした判例です。

参考判例

常習賭博者が、非常習者の賭博行為を幇助したときは、常習賭博罪の従犯となる（大判大12.2.22）。

8 罪　数

設問１

次の場合、罪数は一罪であるか。数罪であるか？

１．１回の放火行為で、数件の現住建造物を焼損したとき。

２．１通の告訴状で、数人について虚偽の告訴をしたとき。

３．わいせつ図画を数回にわたり販売したとき。

４．殺人の予備をした後、殺人の実行に着手したとき。

５．強盗犯人が、強盗の機会に殺人をしたとき。

１について

一罪です。

罪数を考えるときの基本は、**保護法益の侵害**が、何回あったかという観点です。

放火罪は、公共危険罪の代表であり、１回の放火により１個の公共の危険が生じたと考えます。

２について

虚偽告訴罪は、国家の審判作用のほか、被告訴者の私生活の平穏をも保護法益とします。

一の告訴状により、数名の私生活の平穏が侵害されたので、数個の虚偽告訴罪が成立し、観念的競合となります（大判明42.10.14）。

３について

わいせつ物頒布等罪（刑法175条）の構成要件である「頒布」は、もともとわいせつ物の交付（頒布）を繰り返すことを意味します。

したがって、一罪が成立します。

→常習賭博罪が、賭博行為を何回行っても、一罪であるのと同じ理屈である。

4について

殺人罪（または殺人未遂罪）の一罪です。

殺人の実行の着手があれば、殺人予備はこれに含まれます。

5について

強盗殺人罪の一罪です。

→このケースは、結合犯という。もともと、数個の行為をまとめて一罪とする構成要件が存在する。

宿題1 接続犯とは、何か？

設問2

窃盗犯人が、後日、被害品を損壊したときは、器物損壊等罪は成立するか？

成立しません。

この場合の器物損壊を、**不可罰的事後行為**といいます。

窃盗は、状態犯であり、犯罪後の違法状態の継続（被害者に被害品が戻らないこと）は、窃盗罪の罪責においてすでに評価されています。

宿題2 窃盗犯人が、後日、盗品をそれと明かさずに、被害者に買い取らせた場合、詐欺罪は成立するか？

宿題の解答▼

宿題1

同一の法益の侵害が、時間的・場所的にきわめて接近した状況の下で行われ、かつ、行為者の1個の人格的態度の現れと見られる場合をいいます。

この場合、罪数は、1個です。

2時間のうちに、3回にわたって米俵を同一の場所から窃取した事例で、窃盗の一罪とされた事案がその例です（最判昭24.7.23）。

→なお、甲宅と乙宅で窃盗行為をしたときは、法益侵害が2個あるから、二罪である（併合罪）。また、甲宅において、期間をおいて2度窃盗行為をしても、二罪である（併合罪）。

宿題2

詐欺罪が成立します。

この場合、窃盗のほかに、新たな法益侵害があると解されます。

したがって、窃盗と詐欺の併合罪となります。

罪数の問題を考える際のポイントは、法益侵害の数です。

窃盗犯人が、盗品の預金通帳で銀行に払渡しを請求すれば、新たな法益侵害があるので、詐欺罪が成立します。

また、盗品のクレジットカードで、銀行のATMでお金を引き出せば、最初の窃盗と銀行に対する窃盗の2個の窃盗罪が併合罪となります。

設問3

数個の罪が成立するときは、刑法上、どのような処理をすることが原則であるか？

併合罪となり、数個の罪を併科することが原則です。

併合罪の具体的な処理については、刑法46条〜49条を参照のこと。

以下、急所のみ記載します。

1．死刑と他の罪は併科しない。

→ただし、没収のみは、併科される。

2．有期懲役は併科するが、その最も重い罪の刑の長期に2分の1を加えたものが長期となる。

→併合する2つの罪が、A罪（懲役10年以内）とB罪（懲役10年以内）のときは、懲役15年が上限となる（刑法47条本文）。

→併合する2つの罪が、C罪（懲役10年以内）とD罪（懲役3年以内）のときは、懲役13年が上限となる（刑法47条ただし書）。

3．罰金は、死刑以外の罪と併科される。

→無期懲役と罰金も併科される。

4．没収は、すべての罪と併科される。

→もともと、付加刑だからである。

設問4
併合罪とは、何か？

確定裁判を経ていない2個以上の罪のことです（刑法45条前段）。

→2個以上の罪を、まとめて処罰しますという意味。

ある罪について**禁錮以上の刑に処する確定裁判**があったときは、その罪とその裁判が確定する前に犯した罪とに限り、併合罪とされます（刑法45条後段）。

→禁錮以上の確定判決があったときは、その時点で、いったん併合罪のグループ分けを打ち切るという意味。

たとえば、ある者が、順に、A罪とB罪を犯し、B罪について禁錮以上の刑に処する確定裁判があったときは、たとえ、その時点でA罪が発覚していなくても、A罪とB罪は、併合罪です。

→後日、A罪について処罰をするときは、B罪との併合罪の規定に従って、処罰される。

しかし、B罪について禁錮以上の刑に処する確定裁判があった後に、C罪が行われたときは、C罪は、ABのいずれの罪とも併合罪とはならず、独自に処罰を受けることになります。

設問5

科刑上一罪とは、どういう意味か？

実質的には数罪だが、処罰をする上で一罪として扱うという意味です。

併合罪は、実質的にも、科刑上も数罪である（数個の罪を併科することを原則とする）ことと相違します。

科刑上一罪には、次の2つがあります（刑法54条1項）。

1．観念的競合

1個の行為が2個以上の罪名に触れるときをいいます。

→1個の行為に対する処罰なので、科刑上一罪とします。

2．牽連犯

犯罪の手段もしくは結果である行為が他の罪名に触れるときをいいます。

→1個の法益侵害に向けた行為なので、科刑上一罪とします。

《関連事項》科刑上一罪の処理

科刑上一罪の場合、その最も重い刑により処断します。

これは、重い刑とは、上限と下限の双方を意味します。

つまり、A罪が懲役1月以上10年以内、B罪が懲役3月以上5年以内であるときは、3月以上10年以内の範囲で処罰されます。

設問6

次の数罪は、併合罪、観念的競合のいずれか？

1．酒酔運転と過失運転致死傷罪。

2．酒酔運転と無免許運転。

3．業務上の過失による1回の事故で数名が死亡したとき。

4．1個の脅迫行為で、数人の者から所持金を強取したとき。

5．職務執行中の警察官に暴行を加えて負傷させたとき。

「1個の行為が2個以上の罪名に触れるとき」に当たるかどうかという解釈の問題です。

1について

併合罪です。

酒酔運転は継続する行為、過失運転致死傷罪の過失は一瞬のことなので、1個の行為と評価されません。

2について

観念的競合です。

いずれも、継続する1個の行為です。

3について

1個の過失による事件です。業務上過失致死罪の観念的競合です（大判大2.11.24）。

4について

強盗罪の観念的競合となります（最判昭22.11.29）。

5について

公務執行妨害罪と傷害罪の観念的競合です（大判明42.7.1）。

設問7

次の数罪は、併合罪、牽連犯のいずれか？

1．保険金を詐取するため、自宅に放火し、保険金会社に保険金を請求したとき。

2．他人の住居に侵入して、窃盗をしたとき。

3．私文書を偽造して、これを行使し、詐欺を行ったとき。

4．恐喝の手段として監禁をしたとき。

5．傷害の目的で人を監禁したとき。

6．不同意性交の後、その翌日に発覚を恐れて女子を殺害したとき。

7．強盗殺人の後、犯跡を隠すため、放火をしたとき。

牽連犯は、「犯罪の手段もしくは結果である行為が他の罪名に触れるとき」に成立します。

ポイントは、手段、結果の関係は、行為者の主観ではなく、**犯罪類型**として認められることを要するということです。

牽連犯は、犯罪類型上、1個の法益侵害を目的とするから、科刑上一罪でよいという趣旨です。

1について

併合罪です。

放火と詐欺における手段と目的の関係は、犯人の主観の問題であり、2つの法益侵害が認められます。

2について

牽連犯です（大判明45.5.23）。

典型的な犯罪類型であり、住居侵入強盗、住居侵入殺人、住居侵入放火は、いずれも牽連犯です。

3について

私文書偽造・同行使・詐欺の牽連犯です。

→詐欺を目的とする一連の行為と評価できる。

4と5について

いずれも、併合罪です。

→恐喝につき、最判平17.4.14。傷害につき、最決昭43.9.17。

6について

不同意性交等罪と殺人罪の併合罪です（大判昭7.2.22）。明らかに、2つの法益侵害があります。

7について

強盗殺人罪と放火罪の併合罪です（大判明42.10.8）。

参考判例

人を殺して、その死体を遺棄したときは、殺人罪と死体遺棄罪の併合罪である（大判明43.11.1）。

人を逮捕し、引き続いて監禁したときは、逮捕監禁罪の一罪である（大判大6.10.25）。

1個の住居侵入行為と3個の殺人行為がそれぞれ牽連犯の関係にあるときは、一罪として、その最も重い刑に従って処すべきである（最決昭29.5.27）。

→住居侵入の点がなければ、3個の殺人罪が成立して併合罪のケースである。しかし、住居侵入罪が結び目となり全体として科刑上一罪になる。これを、かすがい現象という。

9 刑　罰

設問1

再犯とは、何か？

懲役に処せられた者がその執行を終わった日またはその執行の免除を得た日から5年以内にさらに罪を犯した場合において、その者を有期懲役に処するときを、再犯といいます（刑法56条1項）。

ポイントは、以前の罪が懲役のときに、再度、「懲役刑を科すとき」に再犯となるということです。

→なお、以前の罪が死刑または禁錮の場合も、一定のケースで、再犯となる可能性がある。刑法56条2項・3項参照。

→懲役に処せられた者がその執行を終わるまでにさらに罪を犯したときに、再犯とならないことに注意のこと。

再犯の刑は、その罪について定めた懲役の長期の２倍以下となります（刑法57条）。

参考判例

刑の全部が執行猶予になった犯罪と、その猶予期間内に犯した犯罪は、累犯にならない（最判昭28.7.17）。

設問２

刑の加重と減軽は、いかなる順でするのか？

次の順です（刑法72条）。

１．再犯加重
２．法律上の減軽
３．併合罪の加重
４．酌量減軽

設問３

初度の刑の全部の執行猶予（刑法25条１項）は、どういう刑の言渡しをするときにすることができるか？

次の場合に、することができます。

１．３年以下の懲役もしくは禁錮
２．50万円以下の罰金

《関連事項》執行猶予の期間

執行猶予の期間は、刑の全部または一部の執行猶予のいずれにおいても、１年以上５年以下です。

執行猶予をするかどうか、また、その猶予期間は、裁判官の裁量事項です。

設問 4

初度の刑の全部の執行猶予（刑法25条１項）をすることができる者を挙げよう。

次の者に対して、刑の全部の執行猶予をすることができます（刑法25条１項１号・２号）

1．前に禁錮以上の刑に処せられたことがない者
2．前に禁錮以上の刑に処せられたことがあっても、その執行を終わった日またはその執行の免除を得た日から５年以内に禁錮以上の刑に処せられたことがない者

参考判例

「前に禁錮以上の刑に処せられたことがない者」とは、禁錮以上の刑の執行を受けたことがない者のことではなく、禁錮以上の刑の確定判決を受けたことのない者をいう（最判昭24.3.31）。

併合罪の関係にある数罪が前後して起訴され、前に起訴された罪について刑の全部の執行猶予が言い渡されたときは、後に起訴された罪について、刑法25条１項によりさらに刑の全部の執行を猶予することができる（最大判昭31.5.30）。

→併合罪の関係にある数罪を、一緒に審判した場合には、初度の刑の全部の執行猶予が可能となるはずだから、それと同様の扱いをしたものである。

設問 5

前に禁錮以上の刑に処せられた者が、その刑の全部の執行を猶予されたときに、情状に特に酌量すべきものがあるときに、罰金刑の言渡しをするときは、再度の刑の全部の執行猶予をすることができるか？

できません。

禁錮以上の刑に処せられ刑の全部の執行猶予中の者に再度の刑の全部の執

行猶予をすることができるのは、「1年以下の懲役又は禁錮の言渡しを受けたとき」のみです（刑法25条2項本文）。

設問6

他に、再度の刑の全部の執行猶予ができない場合はあるか？

ありますｌ。

保護観察に付され、その期間内にさらに罪を犯した者については、再度の刑の全部の執行猶予をすることができません（刑法25条2項ただし書）。

→なお、保護観察が仮解除されていたときは、再度の刑の全部の執行猶予をすることができる。

刑法25条（刑の全部の執行猶予）

1項　次に掲げる者が3年以下の懲役若しくは禁錮又は50万円以下の罰金の言渡しを受けたときは、情状により、裁判が確定した日から1年以上5年以下の期間、その刑の全部の執行を猶予することができる。

1　前に禁錮以上の刑に処せられたことがない者

2　前に禁錮以上の刑に処せられたことがあっても、その執行を終わった日又はその執行の免除を得た日から5年以内に禁錮以上の刑に処せられたことがない者

2項　前に禁錮以上の刑に処せられたことがあってもその刑の全部の執行を猶予された者が1年以下の懲役又は禁錮の言渡しを受け、情状に特に酌量すべきものがあるときも、前項と同様とする。ただし、次条第1項の規定により保護観察に付せられ、その期間内に更に罪を犯した者については、この限りでない。

→刑法25条1項のケースを「初度の刑の全部の執行猶予」、2項のケースを「再度の刑の全部の執行猶予」という。

設問7

保護観察は、どういう場合に付されるか？

初度の刑の全部の執行猶予については任意的に、再度の刑の全部の執行猶予については必要的に付されます（刑法25条の２第１項）。これに対して、刑の一部の執行猶予の場合には、保護観察はつねに任意的であり、刑法にあっては、必要的に付される場合はありません。

なお、「薬物使用等の罪を犯した者に対する刑の一部の執行猶予に関する法律」には、特則があり、この場合、刑の一部の執行猶予中、必ず、保護観察に付されることとなります。
→薬物犯は再犯の可能性が高いためである。

設問８

刑の全部の執行猶予が、必ず、取り消される場合を挙げよう。

次の場合です（刑法26条）。

１．刑の全部の執行猶予の期間内にさらに罪を犯して禁錮以上の刑に処せられ、その刑について刑の全部の執行猶予の言渡しがないとき。
２．刑の全部の執行の猶予の言渡し前に犯した他の罪について禁錮以上の刑に処せられ、その刑の全部について執行猶予の言渡しがないとき。
３．刑の全部の執行猶予の言渡し前に他の罪について禁錮以上の刑に処せられたことが発覚したとき。

→いずれも、実刑に処せられたか、実刑に処せられていたことが発覚したときである。
→刑の全部の執行猶予の裁量的な取消事由は、刑法26条の２参照のこと。いずれも、実刑に処せられたケースではない。

設問９

刑の全部の執行猶予期間経過による、法的効果は何か？

刑の言渡しは、効力を失います（刑法27条）。

設問10

刑の一部の執行の猶予は、いわゆる実刑判決か。

実刑判決です。罰金刑の一部猶予はできず、その猶予とは、懲役または禁錮の猶予を意味します。

その猶予されなかった一部については、刑が執行されますから、判決を受けた被告人は、必ず、収監されます。

たとえば、次のような判決です。

「懲役3年、そのうちの2年の執行を5年間猶予する。」

→これが、上限である。懲役3年以下の懲役または禁錮を、1年以上5年以下の期間、猶予することができる。

→この点、刑の全部の執行の猶予と相違しない。

刑の全部の執行の猶予の仕組みは、主に、実刑の弊害を防止することを目的としますが、刑の一部の執行の猶予は、出所後の保護観察を可能とすることにその目的があります。

設問11

刑の全部の執行の猶予中の者が、刑の一部の執行の猶予判決を受けた。刑の全部の執行の猶予は取り消されるか。

必ず、取り消されます（刑法26条1号）。

刑の一部の執行の猶予判決は、実刑判決だからです。

設問12

刑の全部の執行の猶予（初度）と、刑の一部の執行の猶予をすることができる場合に、相違があるか。

次の者の執行を猶予することができる点には、相違がありません。

1．前に禁錮以上の刑に処せられたことがない者

2．前に禁錮以上の刑に処せられたことがあっても、その執行を終わった日

又はその執行の免除を得た日から5年以内に禁錮以上の刑に処せられたことがない者

これに加え、刑の一部の執行の猶予は、禁錮以上の刑の全部の執行猶予中の者に対してもすることができます。

設問13

刑の一部の執行の猶予期間中の者が、再度の刑の一部の執行の猶予を受けることができるか。

できません。

前問と合わせて整理をすると、次のようになります。

1．刑の全部の執行猶予中の者　刑の一部の執行の猶予をすることができる。
2．刑の一部の執行猶予中の者　刑の一部の執行の猶予をすることができない。

設問14

刑の一部の執行猶予期間が経過したときは、どのような法的効果が生じるか。

たとえば、「懲役３年、そのうちの２年の執行を５年間猶予する。」という判決があった場合、その猶予期間を無事に経過すると、次の法的効果が生じます（刑法27条の７）。

1．その刑は、懲役１年に減刑される。
2．その１年の執行を終わった日またはその執行を受けることがなくなった日に、刑の執行を受け終わったこととなる。

設問15

没収をすることができる物は、何か？

次の物を没収することができます（刑法19条１項）。

1．犯罪行為を組成した物　例）偽造公文書行使罪の偽造文書

→犯罪行為に不可欠である物をいう。

2．犯罪行為の用に供し、または供しようとした物　例）犯行に使ったナイフ

→ナイフの鞘は従物として没収できる。しかし、犯行時にたまたま履いていたサンダルは犯罪供用物とはいえない。

3．犯罪行為によって生じ、もしくはこれによって得た物または犯罪行為の報酬として得た物

→通貨偽造罪の偽造通貨、盗品、殺人の報酬など。

→盗んだ金を預金したときの利子は、犯罪取得物に当たらない。

4．3に掲げる物の対価として得た物

→犯罪による利得を許さないという趣旨。

→犯罪組成物、犯罪供用物の対価は没収できない。この2つは、犯罪自体の証拠物件だから、現物のみが没収の対象である。

宿　題　一般論として、没収をするかしないかは任意であるが、必ず没収される物は、存在するか？

設問16

拘留または科料のみに当たる罪について、没収を科すことができるか？

特別な規定がなければ、没収を科すことができません。

ただし、拘留または科料のみに当たる罪についても、**犯罪組成物**は、没収することができます（刑法20条）。

→なお、拘留または科料のみに当たる罪の教唆者および従犯は、特別な規定がなければ、罰せられない点にも注意しよう（刑法64条）。

宿題の解答▼

犯人または情を知った第三者が収受した賄賂は、必ず、没収されます（刑法197条の5）。

→没収できないときは、その価額が追徴される。

☞トークタイム　よく読むこと

司法書士試験の刑法の問題は、世間でいう「おもしろ刑法」に近いもので「こんな事件が起こりましたが何罪が成立しますか」というような事例式のものが多いのです。この場合、どこに重大なヒントがあるか分かりませんから「よく読む」ことが大事です。たとえば、「宿直中の社員が夜中に同僚が会社の備品を盗み出すのを見たが後で口止め料をもらおうと思って見逃した」と書いてあれば、冒頭の「宿直中」が急所のコトバです。これは、その宿直中の社員には窃盗行為を見逃してはいけない「作為義務」（不真正不作為犯の成立要件）があることを意味しています。よって窃盗の従犯が成立と考えてよいのです。

第2章　各　論

1 窃盗罪

> **刑法235条（窃盗）**
> 他人の財物を窃取した者は、窃盗の罪とし、10年以下の懲役又は50万円以下の罰金に処する。

窃盗罪の保護法益は、**事実としての所持**そのものです。

したがって、窃盗の被害者が盗品を取り戻す行為は、窃盗罪の構成要件に該当します。

→自救行為として、違法性が阻却されるかどうかが、次の問題になる。

→なお、窃盗罪の保護法益を、所有権などの本権であると考えると、盗人は本権がないから、窃盗の被害者が盗品を取り戻す行為は、窃盗罪の構成要件に該当しないことになる。

参考判例

不法な占有も、刑法235条の罪の保護の対象となるから、トラックが譲渡担保に供されその所有権が債権者に帰属したが引き続き債務者がトラックを保管しているときに、債権者がそれを無断で持ち出した行為は、窃盗罪を構成する（最判昭35.4.26）。

●展開●　刑法242条

刑法242条は、自己の財物であっても、他人が占有し、または公務所の命令により他人が看守するものであるときは、窃盗罪（不動産侵奪罪、強盗罪）について、他人の財物とみなすと規定しています。

この規定は、窃盗罪の保護法益を事実としての所持そのものであるとする考え方からは、単なる注意規定であることになります。

設問 1

ひったくりは、窃取に当たるか？

当たります。

窃取とは、財物の占有の移転がひそかに行われることを要しません（最決昭32.9.5）。

参考判例

他人の所有管理する物を、自己の物のように装い、善意の第三者に売却し、これを運搬させる行為は、窃盗罪を構成する（最決昭31.7.3）。

設問 2

窃盗罪の成立には、他人の占有の侵害のみで足りるか。それとも、不法領得の意思を要するか？

窃盗罪の本質は、財物に対する他人の占有の侵害ですが、判例は、これに加えて**不法領得の意思**を窃盗罪成立の要件とします。

設問 3

不法領得の意思とは、何か？

権利者を排除し他人の物を**自己の所有物と同様に**その**経済的用法に従い**これを利用しまたは処分する意思をいいます（最判昭26.7.13）。

不法領得の意思は、次の２つに分けて考えることができます。

1.「自己の所有物と同様に」利用処分する意思

自転車を数十分拝借という程度（元の場所に戻す意思のあるとき）であれば、窃盗罪に当たらないと解されます。

→いわゆる使用窃盗。行為者に自己の所有物と同様に利用処分する意思はない。

しかし、自転車を乗り捨てたときは、窃盗罪に当たります。

→乗り捨てることは、所有者しかできない行為であるため。

参考判例

他人の自動車を数時間にわたり無断で乗り回したときは、使用後に元の場所に戻すつもりであっても、不法領得の意思が認められる（最決昭55.10.30）。

→自動車について、使用窃盗に当たらないとした判例。自動車は価値が高いので、不法領得の意思を認定されやすい。数時間ではあるが、「自己の所有物と同様に」利用処分したと評価された。

《関連事項》機密文書

機密文書を持ち出し、コピーをした上で、元に戻す行為は、窃盗罪を構成します。文書の内容に価値があるケースだからです。

《関連事項》財物とは？

窃盗罪は、財物を窃取したときに成立します。

ここに、財物とは、必ずしも客観的な価値を有するものであることは要せず、個人的に重要な記念の品なども財物になります。

また、情報は、それ自体は財物ではありませんが、それが記載または記録された媒体は、財物です。

このほか、電気は、財物とみなされます（刑法245条）。

2．「その経済的用法に従い」利用処分する意思

窃盗罪と毀棄・隠匿罪を区分けします。

たとえば、恨みを晴らすために重要書類を隠す行為は、「その経済的用法に従い」利用処分する意思を欠くので、窃盗には当たりません。

参考判例

単に物を毀棄または隠匿する目的で、他人の物を奪取する行為は、不法領得の意思を欠き、窃盗罪を構成しない（大判大4.5.21）。

設問４

次の行為は、窃盗罪に当たるか？

１．自宅に迷い込んだ飼い主の元に戻る特性のある動物を、取得した。

２．ゴルフ場で、ロストボールを取得した。

３．宿泊客が、旅館のトイレで遺失した財布を取得した。

４．走行中の電車内で、乗客が遺失したカバンを持ち去った。

窃盗罪か、占有離脱物横領罪かという問題です。

窃盗は、**他人の占有を侵害**する行為なので、誰の占有にも属しない物を客体として成立することはありません。

誰かの占有下にあるときは、成立します。

これに対して、誰の占有にも属しない他人の物を領得する行為は、占有離脱物横領罪を構成します。

1について

窃盗罪です。その動物は、飼い主の占有下にあります。

なお、飼い主の元に戻る特性のない動物は、占有離脱物横領罪の客体です。

→養魚場から逃げ出した魚など。

2について

窃盗罪です。ロストボールは、ゴルフ場の管理者の支配下にあります。

3について

窃盗罪です。財布は、旅館の管理者の支配下にあります。

4について

窃盗罪に当たりません。占有離脱物横領罪です。

自由に乗客が出入りできる状況下では、カバンの占有が電鉄会社にあるとはいえません。

なお、電車が車庫にあるときに、車内のカバンを持ち去れば、窃盗罪です。

この場合は、電鉄会社にカバンの占有があると考えます。したがって、その占有を侵害すれば窃盗罪です。

参考判例

被害者が公園のベンチにポシェットを置き忘れて、約27メートル離れた場所に歩いた時点で、これを領得して現金を抜き去る行為は、窃盗罪を構成する（最決平16.8.25）。

→被害者の占有があるという趣旨。

設問5

死者に占有は認められるか？

一般的には、認められません。

しかし、殺人犯が、犯行後に被害者の財布を持ち去ったときには、窃盗罪が成立します（最判昭41.4.8）。

→殺人罪と窃盗罪の併合罪となる。

→これは、殺人の犯行後に窃盗の意思を生じたケースである。もともと、財布を強取するつもりであれば、強盗殺人罪となる。

設問6

次の行為は、窃盗罪に当たるか？

1．コンビニの店員が、商品を持ち去ったとき。

2．衣料品店で、客が、試着した服を着たまま逃げたとき。

この設問は、商品の占有が、店主にあるかどうかの問題です。

店主に占有があれば窃盗罪です。

しかし、店員または客に占有があると考えれば、横領罪です。

1について

窃盗罪に当たります。

店主と上下主従の関係にある店員が共同管理する物について、判例は、刑法上の占有は、上位者にあるとします（大判大7.2.6）。

2について

窃盗罪に当たります。試着しただけでは、商品の占有が客に移転したとは評価されません。

参考判例

車掌が乗務中の貨物列車に積載された荷物を不正に領得したときは、窃盗罪を構成する（最判昭23.7.27）。

設問7

次の行為は、窃盗罪に当たるか？

1．共同占有者の1人が、他の占有者に無断で、占有物を自己の単独占有に移した。

2．共有物の単独占有者が、他の共有者に無断で、その物を売却した。

この設問は、窃盗か、横領かの問題です。

窃盗罪は他人の占有を侵害する行為、横領罪は**自己の占有する他人の物を領得する行為**です。

1について

窃盗罪です（最判昭25.6.6）。他の占有者の占有を侵害しました。

2について

横領罪です（大判昭10.8.29）。自己の占有する他人の物（他の共有者の持分）を領得した行為です。

設問8

次の行為は、窃盗罪に当たるか？
1．カバンを預かった者が、カバンの中の現金を抜き取った。
2．カバンを預かった者が、カバンを領得した。

1について
窃盗罪です。
カバンの中の現金は、委託者の占有にあると考えられます。

2について
横領罪です。
カバンそのものは、受託者の占有にあります。

参考判例

他人から行李1個を預かり保管していた者が、質種にするために、行李の中の衣類を取り出したときは、窃盗罪を構成する（最決昭32.4.25）。

2 不動産侵奪罪

不動産侵奪罪は、他人の不動産を侵奪する罪です。
侵奪とは、不動産の占有を取得することです。
→他人の占有を排除する、積極的な占有の設定行為を要する。

次のような行為は、侵奪に当たります。
1．他人の所有する土地に、建物を築造したとき。
2．境界線を移動させたとき。
3．他人の土地を無断で売却し、建物を建てさせたとき。

これに対して、賃貸期間経過後に、家主の明渡し要求に応じなかったとしても、侵奪には当たりません。
→積極的な占有の設定行為がないため。

3 詐欺罪

刑法246条（詐欺）

1項　人を欺いて財物を交付させた者は、10年以下の懲役に処する。

2項　前項の方法により、財産上不法の利益を得、又は他人にこれを得させた者も、同項と同様とする。

→第三者が、財産の交付、または利得を得るときも、詐欺罪は成立する。

詐欺の罪の保護法益は、個人の財産です。1項は財物罪、2項は利得罪です。

設問1

次の場合、詐欺罪は成立するか？

1．飲食店で飲食後、持参金がないことに気づき走って逃げた。

2．パチンコ店で、磁石で誘導して、パチンコ玉を出した。

詐欺は、**「人を欺く」**行為です。

1について

飲食の時点で「欺く行為」はなく、逃げた時点でもありません。

よって、詐欺罪は、成立しません。

→この事例は、利益窃盗であり不可罰である。窃盗罪には、利得罪を処罰する規定がない。

2について

「人を欺く行為」がありません。

したがって、窃盗罪です。

設問2

次の場合、詐欺罪は成立するか？

1．飲食店で飲食後、持参金がないことに気づき、店員に、お金を取りに行くと言って逃げた。

2．母親に、子供が車に轢かれたと嘘を言い、その隙に、屋内の財物を持ち帰った。

1について

詐欺罪が成立します。

「お金を取りに行く」と言い、店員を欺いて、支払猶予の処分をさせたと考えられます。

詐欺利得罪（2項詐欺）です。

2について

窃盗罪です。

この場合、嘘は、窃盗の手段にすぎません。

詐欺における「欺く行為」は、相手方に財物を交付させることを目的としたものであることを要します。

→欺く行為に基づく、相手方の処分行為が、詐欺の要素となる。

参考判例

詐欺罪が成立するためには、被害者の錯誤と財物の交付の間に、因果関係を要する（大決大14.9.28）。

設問3

次の場合、いつ、詐欺の実行の着手が認められ、既遂となるか？

1．代金を支払うつもりがないのに、飲食店でカレーライスを注文したとき。

2．代金を支払うつもりがないのに、タクシーに乗り、行き先を告げ発車させたとき。

1について

注文をする行為が、「欺く行為」であり、詐欺の実行の着手です。カレーライスが運ばれたときに、「財物を交付させた」ことになり、1項詐欺の既遂となります。

2について

行き先を告げる行為が、「欺く行為」であり、詐欺の実行の着手です。運転手が車を発車したときに「財産上不法の利益を得」たので、2項詐欺の既遂です。

参考判例

飲食店または旅館で、注文主または宿泊者が、支払いの意思がないのに、その事情を告げないで飲食または宿泊をすることは、欺く行為である（大判大9.5.8）。

普通人を欺くに足りる手段を用いたときは、たまたま、相手が錯誤に陥らなくても、詐欺未遂罪が成立する（大判昭2.12.24）。

詐欺賭博により金銭を騙取するために、他人を欺いて賭博に加入するようすすめたときは、その者が加入しなくても、詐欺未遂罪が成立する（大判昭9.6.11）。

不動産の騙取を目的とする詐欺罪は、人を欺いて所有権移転の意思表示をさせるだけでは足りず、現実に占有を移転させるか、登記名義を取得したときに成立する（大判大12.11.12）。

→占有または登記名義を取得したときに、既遂になるという趣旨である。

設問4

不作為による詐欺は、成立することがあるか？

あります。

事実の告知が、法律上の義務であるときは、これを告知しないことが「欺く行為」と評価されます。

たとえば、疾病を黙秘して生命保険契約を締結する場合です（大判昭7.2.19）。

参考判例

誤振込みがあったときに、その事実を銀行に告げないで、預金の払戻しを請求する行為は、詐欺罪の欺く行為に当たる（最決平15.3.12）。

設問5

不実の訴えを提起し、その口頭弁論で、不実の請求の陳述をすることは、詐欺罪を構成するか？

詐欺罪を構成します（大判大3.5.12）。

→いわゆる、訴訟詐欺の事案。

→なお、実行の着手は、訴えを提起した時点で認められる（大判大3.3.24）。

設問6

詐欺罪において、欺かれた者と被害者が相違することがあるか？

あります。

盗んだ預金通帳と印鑑で預金の払い戻しを受けた場合、欺かれた者は銀行員だが、被害者は預金者である。

参考判例

詐欺罪が成立するために、欺かれた者と財産上の被害者が異なるときは、欺かれた者は被害者のためにその財産を処分することができる地位にあることを要する（最判昭45.3.26）。

登記官を欺いて他人の不動産の登記名義を自己の名義とすることは、詐欺罪を構成しない（最決昭42.12.21）。

→登記官には不動産の処分権限がないため。

◆一問一答◆

問　登記官を欺いて他人の不動産の登記名義を自己の名義とすることは、何かの犯罪を構成するか？

答　公正証書原本不実記載罪に当たる。

設問７

詐欺の被害者のした財物の交付が、民法上の不法原因給付に当たるとき、詐欺罪は成立するか？

成立します（最判昭25.12.5）。

この場合、被害者には、民法上の返還請求権はありませんが、**刑法独自の観点**により、法益侵害はあったものとして、詐欺罪が成立します。

→たとえば、売春の対価と偽り金銭を交付させたような場合である。

設問８

Ａが、銀行でＡ名義の口座を開設し、預金通帳を取得することが、詐欺罪に当たることはあるか？

あります。

預金通帳を第三者に譲渡する意図を秘して、口座の開設を申し込む行為は、欺く行為です（最決平19.7.17）。

→１項詐欺である。預金通帳は、財物に当たる。

→なお、他人名義の預金通帳の騙取も、もちろん、詐欺罪に当たる（最決平14.10.21）。

設問９

詐欺賭博の被害者に、賭博罪は成立するか？

成立しません。

賭博とは、偶然により財産を獲得する犯罪ですが、詐欺賭博に偶然の要素はありません。

設問10

思慮浅薄な未成年者を欺いて財物を交付させたときは、準詐欺罪が成立するか？

通常の詐欺罪が成立します（大判大4.6.15）。

準詐欺罪（刑法248条）は、未成年者の知慮浅薄または人の心神耗弱に乗じて、財物を交付させたときなどに成立しますが、これは、欺罔手段を用いなかったときに成立します。

設問11

AがBを欺罔して、ある財産の売買をしたとき、対価が相当であっても、詐欺罪は成立するか？

成立します（最決昭34.9.28）。

詐欺罪は、個別財産に対する罪であり、Bに、ある財産を失ったという損害が生じています。

4 強盗罪

刑法236条（強盗）

1項　暴行又は脅迫を用いて他人の財物を強取した者は、強盗の罪とし、5年以上の有期懲役に処する。

2項　前項の方法により、財産上不法の利益を得、又は他人にこれを得させた者も、同項と同様とする。

2項強盗が存在します。

したがって、ピストルを突きつけて、債務免除証書にハンコをつかせると、強盗罪が成立します。

強盗の構成要件である「暴行又は脅迫」は、反抗を抑圧するに足りる程度のものであることを要します。
→この程度に足らないときは、恐喝罪の問題になる。

参考判例

通行人とすれ違うときに、荷物をひったくる行為は窃盗罪であるが、自動車の窓から手を伸ばし、ハンドバックを離さない女性を引きずりまわし傷害を負わせたときは強盗致傷罪になる（最判昭45.12.22）。

強盗犯人の用いた脅迫の手段が、相手方の意思を抑圧するに足りるものであったときは、たまたま相手方が、それにより意思の自由を抑圧されなかったとしても、強盗未遂罪が成立する（最判昭23.6.26）。
→客観的に見て、反抗を抑圧するに足りる程度の脅迫があれば、強盗の実行の着手をしたことになる。

強盗犯人が、被害者を脅迫し、その反抗を抑圧して財物を奪取したときは、その奪取行為が、被害者が気づかないうちにされたときも、強盗罪が成立する（最判昭23.12.24）。
→この場合も、「強取」に当たるという趣旨。

暴行・脅迫を加えて財物を奪取する犯意の下に、まず、財物を奪取し、その後に暴行を加えてその奪取を確保したときは、強盗罪に当たる（最判昭24.2.15）。

設問 1

強盗の実行の着手と既遂の時期は、それぞれ、いつか？

実行の着手は、強盗の意思をもって、暴行または脅迫を開始したときです。

既遂時期は、財物の占有を取得したときです。

したがって、暴行または脅迫を開始したが、財物を取得できなかったときは、強盗未遂となります。

会社の事務所に押し入り、事務員全員を縛り、事務所内の財物の荷造りをしたときは、それらの物を屋外に持ち出さなくても、強盗既遂です（最判昭24.6.14）。

設問 2

暴行をした後に、財物奪取の意思を生じ、相手方が反抗を抑圧された状態を利用して、財物を取得したときは、強盗罪が成立するか？

成立しません。

暴行罪と窃盗罪の併合罪です（大判昭8.7.17）。

本事例では、財物の奪取を目的とした暴行行為がないため、強盗の実行の着手が認められません。

→強盗罪に重い処罰が科されるのは、暴行・脅迫を手段として財物を強取することの悪質性を理由としている。

設問 3

2項強盗の成立には、相手方の処分行為を要するか？

要しません。この点、2項詐欺、2項恐喝の場合と相違しますので、ご注意ください。強盗は、奪取罪がその本質だからです。

参考判例

債務の履行を免れる目的で、債権者に暴行・脅迫を加え、精神上、肉体上支払いの請求をすることができない状態に陥らせて、支払いを免れたときは、刑法236条2項の強盗罪を構成する（最判昭32.9.13）。

→被害者の処分行為がないときに、2項強盗の成立を認めた。

設問4

事後強盗の未遂罪は、どういう場合に成立するか？

窃盗の未遂犯が、事後に、相手方の反抗を抑圧する暴行・脅迫をしたときに成立します。

仮に、窃盗の既遂犯が、これを行えば、事後強盗の既遂です。

参考判例

犯人が逮捕されたかどうかは、事後強盗罪の未遂、既遂を区別する標準とはならない（大判昭7.6.9）。

刑法238条（事後強盗）

窃盗が、財物を得てこれを取り返されることを防ぎ、逮捕を免れ、又は罪跡を隠滅するために、暴行又は脅迫をしたときは、強盗として論ずる。

事後強盗罪は、**窃盗犯を主体とする身分犯**です。

つまり、行為者が「窃盗の実行に着手したこと」が、犯罪成立の要件となります。

「財物を得てこれを取り返されることを防ぎ、逮捕を免れ、又は罪跡を隠滅するため」の「暴行又は脅迫」は、相手方の反抗を抑圧するに足りる程度のものであることを要します（大判昭19.2.8）。

また、暴行または脅迫の相手方は、被害者には限りません。

たとえば、追跡してきた第三者でもかまいません（最判昭23.5.22）。

設問５

窃盗犯が、犯行現場から離れた場所で、犯行とは無関係に職務質問をした警察官に対して、逮捕を免れるための暴行をした。事後強盗罪は成立するか？

成立しません。

事後強盗罪の暴行または脅迫は、**「窃盗の機会」**に行われることを要します。

参考判例

窃盗犯人が、進行中の電車内で、現行犯人として車掌に逮捕され、約５分を経過して到着した駅のホームで、逃走を企ててその車掌に暴行をしたときは、逮捕を免れるための暴行に当たる（最決昭34.3.23）。
→窃盗の機会における暴行といえる。

窃盗犯人が、他人の住宅に侵入して財物を窃取したが、いったん、公園に移動し、30分後に、再度、同一の住宅に移動して窃盗をするために玄関を開けたところ、帰宅していた家人がこれに気がついて犯人を追ったので、犯人がこれをナイフで脅して逃走したときは、窃盗の機会において行われた脅迫であるとはいえない（最判平16.12.10）。

刑法240条（強盗致死傷）
強盗が、人を負傷させたときは無期又は６年以上の懲役に処し、死亡させたときは死刑又は無期懲役に処する。

強盗致死傷罪は、強盗の身分犯です。

事後強盗、昏睡強盗の犯人を含みます。
→昏睡強盗とは、人を昏酔させてその財物を盗取することをいう（刑法239条）。

強盗致死傷は、負傷または死亡について、犯人の故意の有無により、次の

4類型に分かれます。

1．強盗致傷（傷害の故意がないとき。強盗の結果的加重犯）
2．強盗傷人（傷害の故意があるとき）
3．強盗致死（殺人の故意がないとき。強盗の結果的加重犯）
4．強盗殺人（殺人の故意があるとき）

設問6

上記の4類型のうち、未遂が成立する可能性のあるものが存在するか？

強盗致死傷罪では、既遂と未遂は、財物の取得の有無によっては、判断しません。

あくまで、被害者の傷害や死亡の結果が発生するかどうかにより、既遂・未遂を判断します。

強盗は、個人の財産のほか、生命・身体・自由を保護法益としますが、このうち、**生命・身体・自由が重視**されるためです。

したがって、未遂は、強盗殺人未遂のみ可能性があります。

これは、強盗が、殺意をもって相手方に暴行・脅迫をしたが、相手方が死ななかったときに成立します。

このほか、結果的加重犯には、未遂が成立する余地はありません。

また、強盗傷人の故意で、傷害の結果が生じなかったときは、単なる、強盗罪です。

参考判例

被害者に「金を出せ」といって日本刀を突きつけたところ、被害者がその日本刀にしがみついて救いを求め、犯人が刀を引いたことにより傷害の結果が生じたときは、強盗傷人罪が成立する（最決昭28.2.19）。

設問7

強盗致死傷罪における死傷の結果は、強盗の機会に行われた行為によるものであれば足りるか？

強盗の機会に行われた行為によるものであれば足ります(最判昭25.12.14)。

必ずしも、強盗の手段である暴行・脅迫行為の結果としての死傷であることを要しません。

→刑法240条は、強盗の機会に残虐な致死傷の結果を生じやすいことを考慮して、生じた結果への重い責任を犯人に負わせる趣旨と考えられる。

設問8

次の場合、どういう犯罪が成立するか？

1．強盗犯人が不同意性交等をしたとき。

2．強盗犯人が不同意性交等をし被害者にケガをさせたとき。

3．強盗犯人が不同意性交等をし被害者を死亡させたとき（殺意がないケース）。

4．強盗犯人が不同意性交等をし被害者を死亡させたとき（殺意があるケース）。

1について

強盗・不同意性交等罪です（刑法241条1項前段）。

→強盗の身分犯であり、本罪は、強盗の実行に着手した者が、不同意性交等の罪（未遂を含む）を犯したときに成立する。

2について

強盗・不同意性交等罪です（大判昭8.6.29）。

→刑法241条3項は、致傷について言及しない。その理由は強盗のする不同意性交等の行為（二重にキケン）は通常、被害者に傷害を与えるので、この点の評価は、強盗・不同意性交等罪に吸収されるためと解される。

→なお、不同意わいせつや不同意性交等により被害者にケガや死亡をさせたときには、致死・致傷罪が成立する（不同意わいせつ等致死傷罪　刑法181条）。

3および4について

強盗・不同意性交等致死罪です（刑法241条3項）。

→4については強盗・不同意性交等殺人罪というべきとの説もある。

→強盗・不同意性交等致死罪は、犯人に殺人の故意のない場合（結果的加重犯となる）の他、殺人の故意がある場合にも成立する。この点、刑法240条が強盗致死罪・強盗殺人罪の双方をカバーすることと同視できる。

設問9

不同意性交の実行に着手した後、被害者の畏怖に乗じて財物を強取したときは、どういう犯罪が成立するか？

強盗・不同意性交等罪が成立します（刑法241条1項後段）。

本罪は、不同意性交等の実行に着手した者が、強盗（未遂を含む）を犯したときにも成立します。

5 横領罪

横領罪の構成要件は「自己の占有する他人の物を横領する」ことです。

ここに、占有とは、登記名義など**法律上の占有**を含みます。

→窃盗罪の場合、占有は、事実上の所持のみを意味したことと相違する。

また、横領とは、本権の侵害を意味しますから、横領罪の保護法益は、所有権その他の本権です。

→窃盗罪の場合、占有が保護法益であったことと相違する。

参考判例

登記名義上所有者となって、他人の不動産を保管する者が、その不動産について所有権移転登記手続請求の訴えを提起されたときに、自己の所有権を主張して抗争することは、横領罪を構成する（最決昭35.12.27）。

不動産の所有権が、売買によって買主に移転したが、売主がその登記名義が自己にあることを奇貨として、勝手に第三者に売却して登記を移転したと

きは、横領罪が成立する（最決昭33.10.8）。
→二重譲渡の譲渡人は、刑法上、横領罪となる。

代物弁済により、不動産の登記名義人からこれを取得した者は、その不動産が先に第三者に譲渡されたことを知っていたときでも、横領罪の共犯とはならない（最判昭31.6.26）。
→譲受人は、民法177条による正当な権利者と解される。
→ただし、二重売買の事案で、譲受人が、他人所有の不動産であると知りながら、執拗に移転登記を働きかけたなどの事情があれば、横領罪の共同正犯が成立することがある（刑法65条１項　非身分者が身分者の犯罪に加功するケース）。

設問１
甲は、乙所有の未登記不動産について、無断で所有権保存登記をして第三者に売却した。横領罪は成立するか？

成立しません。
甲乙間に委託信任関係がないからです。

宿　題｜　甲に犯罪は成立するか？

横領罪は、受託者が、**委託を受けて占有する物**を領得する行為です。
→横領罪における占有は、濫用のおそれのある支配力を意味する。
→なお、占有離脱物横領罪は、委託信任関係を前提としない。

宿題の解答▼

甲の行為は、公正証書原本不実記載罪に当たります。

設問２

甲は自己所有のＸ不動産について、乙に抵当権を設定したが、その登記をする前に、丙に抵当権を設定してその登記をした。

甲に横領罪が成立するか？

成立しません。

Ｘ不動産は、甲が占有する甲の物なので、横領罪の客体ではありません。

本事例は、乙に対する背任の問題です。

→乙に対して順位１番の抵当権を設定すべき義務が生じたが、甲はこれに違反した。

設問３

贈賄の目的で預かった金銭を、自己のために消費する行為は、横領罪を構成するか？

横領罪を構成します。

本事例は、２つの論点を含みます。

１．民法上の不法原因給付物について横領が成立するか

贈賄の目的物であっても、刑法独自の観点により、横領を含む財産犯の対象となります。

２．使途を定めて委託した金銭の所有権

民法上は、金銭の所有権は、占有者にあります。

しかし、刑法上、使途を定めて委託した金銭の所有権は、委託者にあります（最判昭26.5.25）。

したがって、本事例の金銭は、犯人からみて、「自己の占有する他人の物」に当たります。

このため、本問では、横領罪が成立します。

設問４

横領罪の未遂は処罰されるか？

処罰規定がありません。

その理由は、未遂が観念できない犯罪類型だからです。

たとえば、他人の物を質入れしようとして、質屋で申込みをすれば、質屋に断られても、申込みにより横領は既遂に達しています。

→実行の着手時期が、そのまま、既遂の時となる。

→ただし、不動産の横領については、登記を完了した時が横領の既遂の時とされている（最判昭30.12.26）。

設問5

次の行為は、横領か、背任か？

1．A社の代表取締役が、自己の利益のために、会社名義の約束手形を振り出した。

2．B社の経理担当者が、自己の利益のために、会社の金を使い込んだ。

1について

背任です。

代表取締役には、手形の振り出しの権限があるためです。

2について

典型的な、業務上横領罪です。

《関連事項》権利を横領することができるか？

横領罪の客体は、「自己の占有する他人の物」です。

したがって、権利の横領は不可能です。

→なお、背任は、「任務に背く行為」が構成要件だから、財物以外の財産的利益についての背任行為を観念できる（刑法247条）。

以下、横領罪に関しての判例をいくつか紹介します。

参考判例

質権者は、民法348条により、質権設定者の同意がなくても、その権利の範囲内において転質をすることができるが、新たに設定された質権が原質権

の範囲を超えるときは、横領罪を構成する（最決昭45.3.27）。

委託を受けて占有する他人の不動産を売却する行為は、これに先行して無断で抵当権を設定し、その旨の登記を完了していたとしても、横領罪が成立する（最大判平15.4.23）。

→ 2回目の横領行為を、不可罰的事後行為とは考えないという趣旨。第一の横領（抵当権の設定）が立件されていないときに、第二の横領行為のみを処罰することが可能となる。

農地の所有者である譲渡人と譲受人との間で農地の売買契約が締結されたが、譲受人の委託に基づいて、第三者の名義を用いて農地法所定の許可を取得し、その第三者に所有権移転登記をした場合において、その第三者がその土地を不法に領得したときは、その第三者に刑法252条1項の横領罪が成立する（最判令4.4.18）。

---

6 背任罪

背任罪は、他人のためにその事務を処理する者が、自己もしくは第三者の利益を図りまたは本人に損害を加える**目的**で、その任務に背く行為をし、本人に財産上の**損害を加えた**ときに成立します（刑法247条）。

1．身分犯である

「他人のためにその事務を処理する者」に成立する。

2．目的犯である

「自己もしくは第三者の利益を図りまたは本人に損害を加える目的」が構成要件とされています。

3．「任務に背く行為」が背任行為とされる

背任行為は、本人との信任関係を破る行為のことです。

4．「本人に財産上の損害を加えたとき」が既遂時期となる

背任罪は、未遂を処罰する規定があります（刑法250条）。

たとえば、Aのために先順位の抵当権を設定する義務のある者が、第三者のために抵当権の設定登記をしたときは、登記申請の時が背任の実行の着手、登記が完了した時に既遂となります。

参考判例

県知事の許可を条件として農地を売り渡し、代金を受領した者が、その許可前に、その農地に自己を債務者とする第三者のための抵当権の設定登記をしたときは、背任罪を構成する（最決昭38.7.9）。

→抵当権を設定した時に、当該農地は、「自己が占有する自己の物」だから横領の問題にはならない。

背任罪を構成する財産上の損害は、消極的損害を含む（大判大11.9.27）。

組合の理事が、主として第三者の利益のために、不当な貸付をしたときは、従として組合の利益を図る目的があっても、背任罪を構成する（最判昭29.11.5）。

横領罪は、常に背任行為を包容するから、1個の行為について、横領罪と背任罪は、両立しない（大判明45.6.17）。

◆一問一答◆

問　次のうち、未遂が処罰されるのはどれか？

1．横領罪
2．背任罪
3．傷害罪

答　2の背任罪である。

7 恐喝罪

「人を恐喝して財物を交付させる」行為により、恐喝罪が成立します（刑法249条１項）。

なお、２項恐喝（恐喝して財産上不法の利益を得る）も存在します。

恐喝とは、相手方の反抗を抑圧しない程度の暴行・脅迫を意味します。

参考判例

恐喝罪における害悪告知の方法には制限がない（最決昭33.3.6）。

→脅迫罪（刑法222条）では、告知される害悪は、相手方とその親族に対するものに限定されていることとの対比を要する。

恐喝罪における脅迫の内容は、必ずしも、それ自体が違法なものであることは要しない（最判昭29.4.6）。

→他人の犯罪事実を知る者が、これを捜査官憲に申告することをたねにして、口止め料を要求したケース。

被恐喝者が、畏怖して黙認しているのに乗じて、財物を奪取したときにも、恐喝罪が成立する（最判昭24.1.11）。

→黙示の処分行為が観念できるから「財物を交付させた」に当たる。

脅迫と財物の交付に因果関係があれば、相当な対価が支払われたときにも、その財物の全部について恐喝罪が成立する（大判昭14.10.27）。

飲食代金の請求を受けた者が、請求者を脅迫して、その請求を一時断念させたときは、恐喝利得罪が成立する（最決昭43.12.11）。

権利を実行する目的で、他人に恐喝手段を行ったときでも、その方法が社会観念上、被害者が認容すべきものと一般に認められる限度を超えるときは、恐喝罪を構成する（大判昭9.8.2）。

◆一問一答◆

問　次のうち、利得罪（財産上の不法の利益を得る罪）が処罰されないのはどれか？

1．窃盗罪
2．詐欺罪
3．恐喝罪
4．強盗罪

答　1の「窃盗罪」である。

8 親族相盗例

設問1

親族間の犯罪について。
1．窃盗の罪を犯した者の刑が免除されるのは、どういう場合か？
2．上記の罪が親告罪となるのは、どういう場合か？

1について

配偶者、直系血族または同居の親族との間で、罪を犯した場合です（刑法244条1項）。

→「法は、家庭に入らず」という思想の現れである。

→配偶者、直系血族については、同居をしていないときにも適用される。

2について

1以外の親族との間で犯した場合です（刑法244条2項）。

設問2

AおよびBが、Aの父の財物を共同して窃取した場合、Bの刑は免除されるか？

Bの刑は免除されません。

刑法244条1項は、人的処罰阻却事由の定めであり、親族でない共犯については、適用されません（刑法244条３項）。

■用語解説■　人的処罰阻却事由とは？

親族関係があることは、犯罪の成立とは無関係であり、処罰を阻却するための条件であるという考え方である。

したがって、犯人が被害者と親族関係がないと誤信していても、刑は免除される。

逆に、親族関係があると誤信していても、刑が免除されることはない。

参考判例

刑を免除する者の範囲は、明確であることを要するから、内縁の配偶者には刑法244条１項は類推適用されない（最決平18.8.30）。

設問３

設問２において、父の財物が、第三者から借りた物であったときは、Ａの刑は免除されるか？

Ａの刑は免除されません。

親族関係は、窃盗犯人と、所有者および占有者の双方にあることを要します（最決平6.7.19）。

→所有者、占有者のいずれかが、刑法244条１項の親族でなければ、家庭内の問題とはいえないからである。

設問４

Ａが、その父から強盗をした場合、刑は免除されるか？

免除されません。

刑法244条１項・２項は、窃盗罪、不動産侵奪罪のほか、詐欺罪、背任罪、恐喝罪、横領罪に準用されますが、強盗罪には準用がありません（刑法251条）。

9 盗品等に関する罪

盗品等に関する罪は、盗品その他財産に対する罪によって不法に領得された財物について、これを（無償または有償で）譲受し、運搬し、保管し、または有償の処分をあっせんする罪です（刑法256条1項・2項）。
→客体は、盗品に限らない。詐欺、恐喝、横領された品なども含む。

設問1

盗品等に関する罪の保護法益は、何か？

被害者の盗品等に対する**追求権**です（判例・通説）。

この考え方からは、盗品等の範囲は、民法上の追求権の有無の範囲と一致します。

→したがって、いったん、第三者に即時取得された品は、盗品等に関する罪の客体にはならない。

→賄賂罪により取得した賄賂は、贈賄をした者に追求権がないから、盗品等には当たらない。

また、窃盗等の本犯者の行為は、構成要件に該当し違法な行為であれば足り、有責であることを要しません。

→被害者の追求権が保護法益であるから、当然の結論である。

参考判例

刑法244条1項により、刑が免除される者の行為による盗品も、盗品等に関する罪の客体となる（最判昭25.12.12）。

本犯の領得行為が、民法上、取り消すことができるときにも、その物は、盗品等としての性質を有する（大判大12.4.14）。

→詐欺による取消しなどの事案である。被害者が、取消権を行使すれば、追求権が発生するから盗品等としての性質を有するのである。

窃取した物の原形を変えたのみで、加工を加えたものでないときは、盗品

等としての性質を失わない（大判大4.6.2）。

→物の同一性を失っていないので、被害者の追求権が消えない。

→なお、盗品である小切手を換金した現金や、盗み出したお金を両替した通貨なども、盗品等としての性質を失わない。

設問2

窃盗の正犯者について、盗品等に関する罪が成立するか？

成立しません。

窃盗の正犯者が盗品等に関する罪に当たる行為をしても、それは、不可罰的事後行為です。

→これに対して、窃盗の教唆者、幇助者については、盗品等に関する罪が成立する。

参考判例

窃盗を教唆して実行させ、その盗品を買い受けたときは、窃盗教唆と盗品等有償譲受罪の併合罪となる（大判明42.3.16）。

設問3

本犯が、既遂に達しなかったときに、盗品等に関する罪が成立することがあるか？

ありません。

盗品等に関する罪は、本犯が既遂に達した後の**事後従犯**としての性質を有します。

→たとえば、本犯が窃盗行為をする前に、盗品買受けの約定をしても、盗品等に関する罪は成立しない。ただ、窃盗の従犯の成立の可能性があるのみである。

設問4

次の行為は、盗品等に関する罪に当たるか？
1．本犯者から買い受けた後に、盗品と気づいた場合。
2．本犯者から保管を頼まれた後に、盗品と気づいた場合。

1について

盗品等有償譲受罪は、成立しません。

→行為者は、盗品を買わされた被害者にすぎない。

→盗品等であることの認識は、買い受けたときに要する。

2について

その後、保管を継続すれば、盗品等保管罪が成立します。

盗品等に関する罪は、（無償または有償の）譲受け、運搬、保管、または有償の処分のあっせんがありますが、このうち、**運搬罪と保管罪は継続犯**です。

したがって、運搬罪と保管罪については、途中で盗品性に気がついたときにも、犯罪が成立します（最決昭50.6.12）。

設問5

盗品等に関する罪のうち、盗品等の占有移転を伴わず、契約をしただけで成立する罪はあるか？

盗品等有償処分あっせん罪が、これに当たります（最判昭23.11.9）。

→あっせんをすること自体が犯罪行為だからである。

しかし、（無償または有償の）譲受け、運搬、保管の各罪は、盗品等の占有移転がなければ、契約だけでは成立することはありません。

→盗品等に関する罪には、未遂を処罰する規定がないのである。

参考判例

盗品等であることを知りながら、売却の仲介をすれば、まだ売買が完成し

なくても、盗品等有償あっせん罪が成立する（最判昭26.1.30）。

盗品等を本犯の被害者宅に運搬するときでも、被害者のためではなく、本犯者の利益のためにしたときは、盗品等運搬罪が成立する（最決昭27.7.10）。

→運搬の目的を犯罪成立の判断材料にした判例。

本犯の被害者を処分の相手方とするときでも、被害者による正常な盗品等の回復を困難にし、窃盗等の犯罪を助長するおそれがあるときは、盗品等有償あっせん罪が成立する（最決平14.7.1）。

→この判例も、あっせんの目的を問題視している。

設問 6

盗品等について有償処分のあっせんをした者が、あっせん料を取らなかったときは、盗品等有償あっせん罪が成立するか？

成立します。

盗品等有償あっせん罪は、有償処分をあっせんする罪であり、あっせん自体が有償か無償かは、問いません。

設問 7

刑法257条は、親族間の特例を設け、一定の範囲の親族との間で、盗品等に関する罪を犯した者について、刑を免除する旨を規定するが、この場合の親族関係は、被害者と盗品等に関する罪の犯人の間にあることを要するか、それとも、本犯者と犯人の間にあることを要するか？

本犯者と犯人の間にあることを要します（最決昭38.11.8）。

→被害者と犯人の間に親族関係があることは、よほどの偶然でしかありえないと考えられる。そうした特殊な事案を念頭に立法されたとは考えにくいためである。

10 毀棄および隠匿の罪

刑法第40章「毀棄及び隠匿の罪」は、公用文書等毀棄罪、私用文書等毀棄罪、建造物損壊及び同致死傷罪、器物損壊等罪、境界損壊罪、信書隠匿罪について定めます。

設問1

公務所が使用の目的で保管する、次の文書を毀棄したときは、公用文書等毀棄罪が成立するか？

1．私文書

2．偽造文書

3．未完成の文書

公用文書とは、「公務所の用に供する文書」と定義されます（刑法258条）。

1について

成立します（大判明44.8.15）。作成者が私人の場合も「公務所の用に供する文書」に当たります。

2について

成立します（大判大9.12.17）。

3について

成立します（最決昭33.9.5）。

設問2

次の行為は、文書の毀棄に当たるか？

1．文書の内容の一部を抹消すること

2．文書の署名・捺印を抹消すること

3．文書を隠匿してその使用を妨げること

いずれも、文書の毀棄に当たります。

毀棄とは、文書の**本来の効用を害する一切の行為**をいいます。

参考判例

被疑者が、ほしいままに、弁解録取書を両手で丸め、しわくちゃにして床に投げ捨てる行為は、公用文書等毀棄罪に当たる（最決昭32.1.29）。

設問３

次の行為は、私用文書等毀棄罪に当たるか？

１．債権者に差し入れた債権証書を破り捨てた。

２．他人が所有する事実証明のための文書を破り捨てた。

１について

私用文書等毀棄罪に当たります。

私用文書とは、「権利または義務に関する他人の文書」です（刑法259条）。

ここにいう文書は、公文書と私文書を問わず、また、作成者が誰かを問いません。

したがって、自己が作成した文書でも、他人が所有するものは、私用文書等毀棄罪の客体となります。

２について

本事例は、器物損壊等罪です。

→器物損壊等罪は、私用文書等毀棄罪よりも刑が軽い。

私用文書とは、「権利または義務に関する他人の文書」であり、事実証明のための文書は、これに当たりません。

参考判例

有価証券である小切手も、権利、義務に関する他人の文書に含まれる（最決昭44.5.1）。

宿題１｜　私文書偽造罪の客体は、どういう文書であるか？

設問4

次の行為は、建造物等損壊罪を構成するか？

1．天井板を損壊した。

2．雨戸を損壊した。

1について

建造物等損壊罪を構成します。天井板は、建物を損壊しなければ取り外しができないので、建造物の一部と考えられます（大判大3.4.14）。

→なお、住居の玄関のドアは、損壊しないで取り外しができるときでも建造物等損壊罪の客体となる（最決平19.3.20）。

→建物の外部と内部を遮断する重要な物品であるため。

2について

本事例は、器物損壊等罪です（大判大8.5.13）。雨戸、障子、ふすまなど容易に取り外しができる物は、建造物の一部とは解されません。

なお、損壊とは、物の本来の効用を害する一切の行為をいいます。

→この点は、建造物等損壊罪、器物損壊等罪に共通する。

参考判例

家屋の屋根瓦は、建造物の一部である（大判昭7.9.21）。

いわゆる闘争手段として、多数のビラを密接集中させて建造物に貼り付ける行為は、建造物の損壊に当たる（最決昭41.6.10）。

→建物の効用を害する行為であるため。

→なお、労組員が、会社の事務所の窓ガラスに新聞紙一枚程度の大きさのビラを貼った程度であっても、「すきとおって見える」という窓ガラスの効用を害したとして、器物損壊等罪に当たる（最決昭46.3.23）。

参考判例

他人の建造物というためには、将来、民事訴訟において、その他人の所有

権が否定される可能性がないことまでは要しない（最決昭61.7.18）。

宿題１の解答▼

権利義務、もしくは事実証明に関する文書です（刑法159条）。

設問５

次の行為は、器物損壊等罪における、「損壊」に当たるか？
１．他人のすき焼き鍋に放尿した。
２．池の鯉を流出させた。

１について
損壊に当たります（大判明42.4.16）。

２について
損壊に当たります（大判明44.2.27）。

参考判例

高等学校の校庭に、アパート建築現場と書いた立て札を掲げ、地中に杭を打ち込んで、保健体育の授業に支障を生じさせたときは、器物損壊等罪を構成する（最決昭35.12.27）。

設問６

次の行為は、境界損壊罪を構成するか？
１．自己が設置した境界標を損壊し、境界を認識することができないようにした。
２．境界標を損壊したが、土地の境界の認識には支障がなかった。

１について
境界損壊罪を構成します。

「土地の境界を認識することができないようにする」ことが、境界損壊罪の構成要件事実です（刑法262条の2）。

2について

境界損壊罪を構成しません。本事例は、器物損壊等罪のみが成立します（最判昭43.6.28）。

→境界損壊罪には、未遂を処罰するという規定がない。なお、この点は、刑法第40章の「毀棄及び隠匿の罪」に共通する。

設問7

ハガキを隠匿することは、信書隠匿罪に当たるか？

当たります。

ハガキも、信書です。

設問8

「毀棄および隠匿の罪」のうち、親告罪は、何か？

私用文書毀棄罪、器物損壊等罪、信書隠匿罪です。

宿題2｜　信用毀損罪は、親告罪か？

■用語解説■　親告罪

公訴の提起に被害者などの告訴、告発を必要とする犯罪。

参考判例

器物損壊等罪の告訴権者は、毀損された物の所有者には限らない（最判昭45.12.22）。

宿題２の解答▼

信用毀損罪は、親告罪ではありません（刑法233条前段）。

11 傷害罪・暴行罪

傷害罪は、結果犯であり、暴行についての故意があれば、障害の故意がなくても成立します（最判昭25.11.9）。

設問１

傷害とは、何を意味するか？

人の生理的機能を害することです（判例）。

判例によれば、病毒を伝染させること、皮膚の表皮を剥離すること、めまい・嘔吐をさせることは、いずれも、傷害に当たります。

しかし、毛髪の切除は、人の生理的機能を害しないので、傷害には当たらず、暴行罪となるにすぎません。

→なお、毛髪を根元から引き抜くことは、傷害に当たる。皮膚の表皮を剥離することになるためである。

《関連事項》反対説

傷害を、「人の外部的な完全性を侵害すること」と解する説からは、毛髪の切除は傷害に当たりますが、めまい・嘔吐の程度では傷害に当たらないことになります。

参考判例

約１年半の間、朝から深夜まで、窓際でラジオや複数の目覚まし時計を大音量で鳴らし続け、隣家の被害者を慢性頭痛症などにさせた行為は、傷害罪を構成する（最決平17.3.29）。

設問2

病毒を伝染させようとして、病原菌の入った水を飲ませたが、発症に至らなかった場合、どういう罪が成立するか？

不可罰です。

傷害罪には、未遂を処罰する規定はありません。

暴行行為を伴うときは、傷害の故意でその結果が生じなかったときは、暴行罪の限度で処罰されますが、本事例は、暴行行為が行われていないので、不可罰です。

設問3

AおよびBが、共同実行の意思なく、たまたま同時にCに暴行をした。

その結果、Cは重い障害を負ったが、AおよびBいずれの行為による傷害であるかが判然としない。

AおよびBの罪責は？

いずれも、傷害罪です。

刑法207条は、「2人以上で暴行を加えて人を傷害した場合において、それぞれの暴行による傷害の軽重を知ることができず、又はその傷害を生じさせた者を知ることができないときは、共同して実行した者でなくても、共犯の例による。」と規定しています。

→同時傷害の特例という。

殺人の同時犯では、被害者が死亡しても、いずれの犯人の行為によるかが判明しないときは、双方が殺人未遂罪となります。

もともと、刑法においては、自己のした行為についてのみ、責任を負うことが原則であり、犯罪事実の証明責任は検察にあるためです。

しかし、同時傷害には、特例を定めた刑法207条があるため、AおよびBは、自己の行為による傷害ではないことを証明しなければ、傷害罪の罪責を免れることができません。

設問 4

次の行為は、暴行罪を構成するか。

1．人に向かって石を投げたが当たらなかった。

2．他人の耳元で大太鼓を連打した。

いずれも、暴行罪を構成します。

暴行とは、人の身体に対する不法な有形力の行使を意味しますが、暴行行為は、必ずしも身体に接触することは要せず、また、病原菌や麻酔、音、光、熱、電気などの作用も含みます。

12 逮捕罪・監禁罪

逮捕罪・監禁罪は、いずれも継続犯です。

瞬時の逮捕は、逮捕罪には当たりません。

→暴行罪となる。

逮捕罪・監禁罪の保護法益は、人の身体活動の自由です。

設問 1

監禁罪の客体は、監禁の事実を認識していることを要するか？

要しません（通説）。

たとえば、被害者が就寝中に、その部屋に施錠し、一定時間の経過後に犯人が開錠し、その後に被害者が目覚めたときにも監禁罪は成立します。

→不同意性交等の目的で、自宅まで送るとウソを言って女性を車に乗せて発車させたときも同様に監禁罪が成立する。

監禁罪の保護法益である、人の身体活動の自由とは、可能的自由であり、現実的自由とは解されません。

→可能的自由とは、移動しようと思えば、移動できる自由のことである。

設問2

次の行為は、監禁に当たるか？
1．入浴中の女性の衣類を隠した。
2．不同意性交等をする意思で、バイクの荷台に被害者を乗せて約1キロ疾走した。

いずれも、監禁罪に当たります。

1は浴室内に、2はバイクの荷台からの脱出を不可能としています。

その方法の有形、無形を問わず、一定の場所から脱出することができないように、継続して人の行動を不法に拘束すれば、監禁に当たります。

13 脅迫罪

脅迫罪は、相手方またはその親族の、生命、身体、自由、名誉または財産に対し害を加える旨を告知して人を脅迫することにより成立します（刑法222条1項・2項）。

設問1

次の場合、脅迫罪は成立するか？
1．害悪を告知したが、相手方が畏怖しなかった。
2．告訴の意思がないのに、ことさらに告訴をすると通知した。
3．法人に対して、その法益に危害を加えると告知した。
4．天罰が下ると告知した。

1について

成立します（大判大6.11.12）。脅迫罪は、危険犯であり、告知により既遂に達します。

2について

成立します（大判大3.12.1）。

→害悪の内容は、犯罪行為には限らない。

3について

成立しません（大阪高判昭61.12.16）。脅迫罪の保護法益は、個人の意思決定の自由です。

4について

成立しません。告知する害悪は、告知者が支配できるものであることを要します。

14 強要罪

強要とは、相手方またはその親族の、生命、身体、自由、名誉もしくは財産に対し害を加える旨を告知して脅迫し、または暴行を用いて、人に義務のないことを行わせ、または権利の行使を妨害することをいいます（刑法223条1項・2項）。

雇人に水入りのバケツを、頭上に数時間持たせたとき（大判大8.6.30）、告訴を中止させたとき（大判昭7.7.20）などの行為が、強要罪に当たります。

15 住居侵入罪

住居侵入罪は、正当な理由がないのに、人の住居もしくは人の看守する邸宅、建造物もしくは艦船に侵入したときに成立します（刑法130条前段）。

設問1

住居侵入罪の保護法益は、何か？

住居権であるとするのが判例です。

侵入とは、住居権者の意思に反して立ち入ることを意味します（最判昭58.4.8）。

→住居の平穏を害さなくても、住居侵入罪は、成立することになる。

設問2

ある住居の、庭に侵入することは、住居侵入罪に当たるか？

当たります。住居の囲繞地も、刑法130条の住居に当たります（最大判昭25.9.27)。

設問3

次の場合、住居侵入罪は、成立するか？
1．家出中の子が、実父の家に、強盗の目的で深夜に侵入したとき。
2．夫の不在中に、妻と姦通するために、その同意の下に住居に立ち入ったとき。

1について
成立します（最判昭23.11.25)。
家出中の子は、すでに家族共同体を離脱しています。

2について
成立します（大判大7.12.6)。
夫の住居権を侵害しています。

参考判例

現金自動預払機に入力される利用者の暗証番号を盗撮する目的で、営業中の銀行の無人の出張所に立ち入ることは、建造物侵入罪を構成する（最決平19.7.2)。
→銀行の支店長の、包括的な承諾外の立ち入りであるため。

居住者が、法律上正当な権限をもって居住することは、住居侵入罪の成否を左右しない（最決昭28.5.14)。
→賃貸借契約解除後の、元借家人の住居権も、保護の対象になる。

建造物侵入罪が成立するときは、その者が退去を求められて退去をしなかったとしても、不退去罪は成立しない（最決昭31.8.22)。

→刑法130条前段の罪が成立するときは、同条後段の罪はこれに吸収される。

16 名誉毀損罪・侮辱罪

名誉毀損とは、**公然**と**事実を摘示**し、人の名誉を毀損する行為です（刑法230条１項）。

これに対して、侮辱は、事実を摘示せずに、公然と人を侮辱することです（刑法231条）。

刑法230条（名誉毀損）

１項　公然と事実を摘示し、人の名誉を毀損した者は、その事実の有無にかかわらず、３年以下の懲役若しくは禁錮又は50万円以下の罰金に処する。

２項　死者の名誉を毀損した者は、虚偽の事実を摘示することによってした場合でなければ、罰しない。

設問１

名誉毀損罪の保護法益は、何か？

外部的名誉です（大判大15.7.5）。

これは、人に対して社会が与える評価(俗にいう評判)のことを意味します。

→侮辱罪の保護法益も、同様と解されている。

判例の考え方によれば、赤ん坊や法人に対する名誉毀損罪や侮辱罪が成立します。

→名誉毀損罪や侮辱罪の保護法益を、名誉感情と解すると、赤ん坊や法人に対する名誉毀損罪や侮辱罪は成立しないことになる。

参考判例

不特定人に対しては、名誉毀損罪は成立しない（大判大15.3.24）。

→名誉毀損罪の保護法益である、社会が与える評価は、特定人の評価を意味する。
→侮辱罪も、不特定人に対しては成立しない。「何県人はバカだ」と公言しても侮辱罪には当たらない。

侮辱罪は、法人に対しても、成立する（最決昭58.11.1）。

設問２

本当のことを言っても、名誉毀損罪に当たることがあるか？

あります。

公然と事実を摘示し、人の名誉を毀損した者は、その事実の有無にかかわらず処罰されます（刑法230条１項）。

ただし、死者に対する名誉毀損罪は、虚偽の事実を摘示することによってした場合でなければ、成立しません（同条２項）。

設問３

銭湯で、Ａは前科者だ、と公言したが、周囲がにぎやかで誰も聞いていなかった。名誉毀損罪は、成立するか？

成立します。

公然とは、不特定多数の人の視聴に達することの可能な状況をいいます（大判大12.6.4）。

→公然とは、伝播可能性を意味する。現実に視聴に達したことは要しない。

参考判例

検察官と検察事務官との２人だけがいる検事取調室内で、事実を摘示することは、公然とはいえない（最決昭34.2.19）。

刑法230条の2（公共の利害に関する場合の特例）

1項　前条第一項の行為が公共の利害に関する事実に係り、かつ、その目的が専ら公益を図ることにあったと認める場合には、事実の真否を判断し、真実であることの証明があったときは、これを罰しない。

2項　前項の規定の適用については、公訴が提起されるに至っていない人の犯罪行為に関する事実は、公共の利害に関する事実とみなす。

3項　前条第一項の行為が公務員又は公選による公務員の候補者に関する事実に係る場合には、事実の真否を判断し、真実であることの証明があったときは、これを罰しない。

設問4

死者の名誉毀損の場合を除き、摘示した事実が真実であったことの証明があったときに罰せられないのは、どういう場合か？

その事実が、公共の利害に関する事実に係り、かつ、その目的が専ら公益を図ることにあったと認める場合です（刑法230条の2第1項）。

→公共の利害に関する場合の特例である。上記の「かつ」に注目のこと。

なお、公訴が提起されるに至っていない人の犯罪行為に関する事実は、公共の利害に関する事実とみなされます（同条2項）。

→新聞が、「甲容疑者逮捕」などと実名報道をすることは、目的が専ら公益を図ることにあったと認められれば、名誉毀損には当たらないことになる。

設問5

公共の利害に関する場合で、摘示した事実が真実であった場合、その目的が公益を図ることにないときでも、処罰されないケースはあるか？

あります。

公務員または公選による公務員の候補者に関する事実に係る場合です（刑法230条の2第3項）。

この場合、真実であったことの証明のみで、不可罰となります。

→投票箱と民主政の過程を尊重する見地から、言論の自由の幅が広くなる。

参考判例

刑法230条の2第1項の「真実であることの証明」がないときでも、行為者がその事実を真実であると誤信し、その誤信に確実な証拠、根拠に照らして相当の理由があるときは、故意を阻却するから、本罪は成立しない（最大判昭44.6.25）。

17 業務妨害罪

業務妨害罪は、虚偽の風説を流布し、または偽計を用いて、人の業務を妨害したときに成立します（刑法233条　偽計業務妨害罪）。

また、威力を用いて人の業務を妨害したときも、同様です（刑法234条　威力業務妨害罪）。

設問1

次の行為は、業務妨害罪における「業務」に含まれるか？

1．趣味でするドライブ

2．組合活動

3．県議会の委員会活動

業務妨害罪の業務とは、人がその社会生活上の地位に基づいて反復・継続して従事する「仕事のこと」をいいます。

→危険な行為であることは、要しない。

1について

当たりません。趣味は、仕事とはいえません。

2について

当たります。業務は、有償の行為であることは要しません。

3について

当たります（最決昭62.3.12）。

判例は、公務を二分し、非権力的な公務は業務妨害罪の業務に当たるとしています。

参考判例

現金自動預払機に利用者の暗証番号を盗撮するために、隠しカメラを設置し、その隣の自動預払機を長時間にわたり占拠した行為は、銀行の業務を妨害するものとして、偽計業務妨害罪に当たる（最決平19.7.2）。

営業中の食堂で、蛇数十匹をまき散らし、大混乱に陥れたときは、威力業務妨害罪を構成する（大判昭7.10.10）。

弁護士から、重要書類の入ったカバンを奪取して隠匿する行為は、威力業務妨害罪を構成する（最決昭59.3.23）。
→「威力を用いた」と解される。

●展開●　危険犯

業務妨害罪は妨害行為により成立し、現実に人の業務の妨害という結果が生じることを要しません。

18 放火罪

放火罪の保護法益は、公衆の生命、身体、財産の安全です。
公共危険罪の典型です。

設問１

抽象的危険犯とは、何か？

構成要件的行為（放火罪の場合は、放火をすること）をしたときに、その行為が公共の危険を内在するため、**危険が発生したものとみなされる**ものをいいます。
→たとえば、放火をして、建造物を一部焼損したものの、すぐに消し止められたため、現実には公共の危険が発生しなくても、危険は生じたものと擬制され、放火罪が成立することになる。

これに対して、現実に公共の危険が生じたときに罰せられる類型が、具体的危険犯です。

設問2
放火罪のうち、抽象的危険犯とされるのは、何か？

現住建造物等放火罪（刑法108条）と、他人所有の非現住建造物等放火罪（刑法109条1項）です。

自己所有の非現住建造物等放火罪（刑法109条2項）と建造物以外への放火罪（刑法110条1項・2項）は、具体的危険犯です。

設問3
次の場合、現住建造物等放火罪は、既遂となるか？
1．天井板一尺四方を焼いたとき。
2．建物に備え付けの、雨戸のみを焼いたとき。

1について
既遂です（最判昭23.11.2）。
判例は、火が媒介物を離れて、目的物が独立して燃焼作用を営む状態に達したときに、放火は既遂となるとしています（大判大7.3.15）。
これを、**独立燃焼説**といいます。
天井板は、建造物の一部ですから、放火罪は、既遂です。

《関連事項》既遂時期
判例は、既遂の時期を早い段階で認めます。
これに対して、目的物の効用が失われたときを既遂時期とする説では、建物としての効用が失われない段階（天井板一尺四方の焼損）は、放火の未遂とします。
→判例は、放火罪の、公共危険犯としての性質を重視している。

2について
未遂です。
雨戸は、建造物の一部ではありません。

設問4

他人所有の、次の建物に放火した場合、現住建造物等放火罪は、成立するか？
1．人のいない空き家に放火したとき。
2．空き家だが、中に人がいるときに放火したとき。

現住建造物とは、「現に人が住居に使用しまたは現に人がいる建造物」をいいます（刑法108条）。

1について
成立しません。
現に人が住居に使用せず、かつ、現に人がいない建造物なので、放火の客体は、非現住建造物です。

2について
成立します。
この事例は、放火の客体が、現に人がいる建造物です。

設問5

強盗犯人が、住居に居合わせた家族全員を殺害し、その後に、被害者宅に放火をした。次の場合、現住建造物等放火罪が成立するか？
1．その住居を使用する家族が他にいないとき。
2．その住居を使用する家族が他にいるとき。

1について

成立しません。放火の客体は、非現住建造物です。

2について

成立します。

他の家族が、現に住居に使用しています。

設問6

現住建造物に放火する目的で、その隣にある物置に放火したが、物置だけを焼損して火は消し止められた場合、犯人の罪責は？

現住建造物等放火未遂の一罪です。

この場合、物置は、現住建造物に放火するための、**導火線と同視**されます。

物置を焼損したことによる非現住建造物等放火罪は成立しません。

設問7

自己所有の建物に放火したが、具体的な危険が生じなかった。次の場合、放火罪は成立するか？

1．犯人は単身者だが、その建物に抵当権が設定されていたとき。

2．他に家族がいるが、その同意がないとき。

3．他に家族がいるが、その同意があるとき。

1について

他人所有の非現住建造物等放火罪が成立します。

→建造物が、差押えを受け、物権を負担し、賃貸し、配偶者居住権が設定され、または保険に付したものである場合には、他人の物を焼損した者の例による（刑法115条）。

2について

現住建造物等放火罪です。

他の家族が、現に住居に使用しています。

3について

不可罰です。

他の家族が、放火に同意していたときは、自己所有の建造物への放火と同視されるので、具体的な危険が生じなかった本事例では、処罰されません(刑法109条2項)。

→もともと、自分の物を焼くのは自由である。公共の危険が生じなければ、罰せられるいわれはない。

《関連事項》被害者の同意

放火について被害者全員の同意があれば、自己所有の建造物の放火と同視されます。すなわち、具体的危険犯となります。

→一部の者の同意にすぎないときは、他人所有の建造物の放火罪となる。

設問8

次の場合、放火罪は成立するか？

1．川原にあった、他人所有のバイクに放火し、これを全焼させたとき。

2．住宅街の家の庭先にあった、他人所有のバイクに放火し、これを全焼させたとき。

建造物以外への放火罪は、客体が他人所有であっても、具体的危険犯です(刑法110条)。

1について

成立しません。川原では、具体的な公共の危険は生じないと解されます。

したがって、この事例は、器物損壊等罪が成立するにすぎません。

2について

成立します。住宅街の家の庭先でバイクが全焼すれば、具体的な公共の危険が生じています。

設問9

Aは、Bに対して、Cが所有するバイクに放火するよう教唆した。

Aは、放火の場所を指示していなかったが、Bは、Cの自宅の庭先にあったバイクに放火して、これを全焼させた。
Aに建造物以外放火の教唆が成立するか？

成立します。

判例は、具体的危険犯としての放火において、焼損の結果、公共の危険が発生することの認識を、放火罪成立の要件とはしません（最判昭60.3.28）。

したがって、Aに公共の危険の発生についての認識がない本事例でも、放火罪の共犯が成立します。

設問10

Aは、マンションのエレベータに放火して、その側壁0.3平方メートルを焼損した。Aの罪責は？

現住建造物等放火罪の既遂です（最決平1.7.7）。

マンションなどの集合住宅は、それ自体が、一個の現住建造物です。

→ただし、建物の構造上、放火した場所から、現住部分への延焼可能性が全くないときは、現住建造物としての一体性はないと解される（最判平1.7.14）。

設問11

Aは、火事場の見物に来たが、もっと燃えると面白いと思って、消火栓を隠した。放火罪が成立するか？

成立しません。

Aの行為は、消火妨害罪に当たります（刑法114条）。

設問12

Aは、他人所有の非現住建造物に放火したが、火は、その意に反して、現住建造物に延焼した。延焼罪は、成立するか？

成立しません。

延焼罪は、自己所有の物に火を放ち、他人所有の物に延焼したときに成立する犯罪です（刑法111条）。

19 文書偽造の罪

文書偽造罪の保護法益は、文書に対する公共の信用です。

文書偽造罪は、**抽象的危険犯**です。

行使の目的で文書を偽造すれば、具体的に文書に対する公共の信用が害されずとも、犯罪が成立します。

→文書偽造罪は、目的犯でもあり、行使の目的がないときは、不可罰である。

文書といえるためには、ある程度の永続性を要します。

黒板に白墨で文字を書けば文書といえますが、砂の上の文字は文書とはいえません。

設問 1

実在しない公務所名義の文書を偽造したときは、公文書偽造等罪が成立するか？

一般人に、そうした公務所が存在し、その職務権限において作成されたものであると誤信するに足りると認められるときは、成立します（最判昭36.3.30）。

→架空の公務所名義の文書偽造も、文書に対する公共の信用を害する。

設問 2

有形偽造、無形偽造とは、それぞれ、何か？

有形偽造とは、文書の作成名義を偽ることです。

この場合、内容の真偽は問いません。

→たとえば、私人が、市長が作成すべき印鑑証明書を作成すれば、その内容が真実であっても、公文書偽造等罪となる。

これに対し、**無形偽造**とは、作成権限のある者が、内容虚偽の文書を作成することです。

→たとえば、市長が、内容虚偽の印鑑証明書を作成する行為。

宿題1 BがAに無断で、A代理人Bという委任状を作成することは、文書の偽造に当たるか？

◆一問一答◆

問 公務員が職務上作成すべき文書を偽造したが、行使の目的がなかった場合、公文書偽造等罪は成立するか？

答 成立しない。文書偽造の罪は目的犯である。

参考判例

市長の代決者である課長を補佐し、印鑑証明書の作成に当たっていた課員が、必要な手数料を納付しないで、自己のための印鑑証明書を作成しても、公文書偽造等罪を構成しない（最判昭51.5.6）。

→課員に、作成権限が認められるから、偽造（作成名義を偽ること）に当たらない。

→本事案は、市役所内部での規律違反の問題を生じるにすぎない。

公文書の作成者が、職務権限を濫用して、内容虚偽の文書を作成したときは、虚偽公文書作成罪が成立する（最決昭33.4.11）。

→作成権限の濫用とは、作成権限があることを前提に、これを濫用することを意味する。だから、有形偽造の問題にはならないのである。

公務員であっても、作成権限のない文書を作成したときは、公文書偽造等罪となる（最判昭25.2.28）。

宿題1の解答▼

文書偽造に当たります。「A代理人B」とは、AがBを代理人とするというAの意思に基づく文書です。

したがって、A以外の者がこれを作成することは、作成名義を偽ることになります。

設問3

有形偽造は、公文書、私文書のそれぞれで、どういう内容の文書である場合に罰せられるか？

公文書偽造は、内容のいかんを問いません（刑法155条）。

私文書偽造は、**権利、義務もしくは事実証明**に関する文書を偽造したときに限り、罰せられます（刑法159条）。

→旅行記の類は、権利、義務もしくは事実証明に関する文書に当たらない。

→議員の推薦状、郵便局の転居届、入学試験の答案などは、事実証明に関する文書である。

《関連事項》**有印とは？**

印章や署名を用いた文書の偽造は、これを用いない場合に比べて重く処罰されます。

→有印公文書（私文書）偽造罪。

ここに、署名とは、記名を含みます（大判大4.10.20）。

参考判例

村役場書記の退職届は、公文書ではない（大判大10.9.24）。

→公文書とは、公務員が、職務上作成する文書のことである。公務員の退職届は、事実証明に関する私文書である。

他人名義の文書を変造し、これを行使して横領をしたときは、私文書変造、同行使、横領罪の牽連犯である（大判明42.8.31）。

設問4

無形偽造は、公文書、私文書のそれぞれで、どういう場合に罰せられ

るか？

虚偽公文書の作成は、一般論として、処罰の対象です（公務員の身分犯）。

虚偽私文書の作成は、原則として、不可罰です。

しかし、医師が公務所に提出すべき診断書、検案書または死亡証書に虚偽の記載をしたときに限り処罰されます（刑法160条）。

→上記の医師とは、私人たる医師を意味する。公務員である医師が虚偽の診断書等を作成すれば、その目的が何であれ、虚偽公文書作成罪が成立する。

設問5

次の行為は、偽造か、変造か？

1．運転免許証の写真を張り替えて生年月日の日付を書き換えること。

2．公文書の本質的でない部分を改ざんして、そのコピーをすること。

1について

偽造です（最決昭35.1.12）。

文書の偽造と変造は、同じように処罰されますが、その区別は、偽造は文書の本質的な部分の改ざんを、変造は非本質的部分の改ざんを意味します。

写真と生年月日は、運転免許証の本質的部分です。

2について

コピーをすることは、原本と別個の文書を作り出すことを意味するから、偽造に当たります（最決昭61.6.27）。

宿題2　偽造した運転免許証を、提示する目的で所持することは、偽造公文書の行使罪に当たるか？

参考判例

一部偽造のある転出証明書の用紙に、その未完成部分の書き込みをする行為は、公文書の変造ではなく、偽造である（最判昭24.9.1）。

設問 6

弁護士ではないAが、同姓同名の弁護士に成りすまし、弁護士A名義の請求書を作った。文書偽造に当たるか？

当たります（最決平5.10.5）。

「弁護士Ａ」名義の文書は、本人以外の作成が許容されません。

宿題 2 の解答▼

当たりません（最大判昭44.6.18）。

偽造運転免許証を、実際に提示することが、行使に当たります。

設問 7

偽名を用いて、履歴書を作成したときは、私文書偽造に当たるか？

当たります（最決平11.12.20）。

たとえ、写真などが本人のものであっても、虚偽人名義の文書を作成したことになります。

→なお、履歴書は、事実証明に関する文書である。

設問 8

次の場合、虚偽公文書作成罪の間接正犯が成立するか？

1．公文書の起案を担当する公務員が、内容虚偽の文書を起案し、情を知らない作成権者に署名捺印させたとき。

2．公務員の身分を有しない者が、虚偽の内容を記載した証明願を村役場に提出し、係員に虚偽の証明書を作成させたとき。

1について

成立します（最判昭32.10.4）。

2について

成立しません（最判昭27.12.25）。

私人は、虚偽公文書作成罪の身分を欠くため、その主体とはなりません。
→なお、本事例で、係員と意思の連絡があれば、私人にも、虚偽公文書作成罪の共同正犯（または教唆）が成立する。非身分者が身分者の犯罪に加功する刑法65条1項の事案である。

なお、公務員でない者が、公務員に内容虚偽の公文書を作成させる行為は、それが、公正証書原本不実記載等（刑法157条）の構成要件に該当すれば、その罪により処罰されます。

公正証書原本不実記載等は、次の場合に成立します。
1．公務員に対し虚偽の申立てをする。
2．登記簿、戸籍簿その他の権利もしくは義務に関する公正証書の原本に不実の記載をさせる。

設問9

次のものは、公正証書の原本に当たるか？
1．住民基本台帳法の住民票の原本
2．道路運送車両法の自動車登録ファイル

1について
当たります（最決昭48.3.15）。

2について
当たります（最決昭58.11.24）。

なお、市立の結婚相談所の依頼人名簿、自動車検査証、各種課税台帳は、公正証書の原本に該当しません。

設問10

不動産の真実の所有者が、登記名義人の承諾なく、その者からの売渡証書を作成し、自己に所有権移転登記をさせたときは、公正証書原本不実記載罪が成立するか？

成立します（最決昭35.1.11）。

刑法157条の「虚偽の申立て」に当たります。

参考判例

官公署による登記の嘱託手続をすることも、公正証書原本不実記載罪の「申立て」に当たる（最決平1.2.17）。

見せ金による株式の払い込みによって、増資をした旨の登記の申請をし、商業登記簿の原本にその旨の記載をさせたときは、発行済株式の総数について、公正証書原本不実記載罪が成立する（最判昭47.1.18）。

非上場会社の一人株主が、その株式の全部を譲渡担保に供した後、債権者側の役員を解任する株式会社の変更登記を申請し、商業登記簿にその旨の記載をさせたときは、実際には、株主権を行使する権限がないことを認識していた以上、公正証書原本不実記載罪と同行使罪が成立する（最決平17.11.15）。

他人の印章・署名を使用して委任状を偽造し、これを使用して公正証書の原本に不実の記載をさせ、かつ、これを行使したときは、私文書偽造、同行使、公正証書原本不実記載、同行使罪の牽連犯である（大判明42.3.11）。

司法書士に偽造した私文書を提示することは、偽造私文書行使罪に当たる（最決平15.12.18）。

20 通貨偽造罪・有価証券偽造罪

通貨偽造罪・有価証券偽造罪は、いずれも、**目的犯**であり、行使の目的があるときに処罰されます。

参考判例

刑法上、有価証券とは、財産上の権利が証券に表示され、その表示された権利の行使について、その証券を所持することを要するものをいい、取引上

の流通性を有するかどうかを問わない（最判昭32.7.25）。
→預金通帳は、これを紛失しても権利の行使が可能だから、有価証券ではない。

宝くじは、有価証券である（最決昭33.1.16）。

距離数と料金のみが表示された列車の急行券の用紙に、権限なく所要の事項を記入して、急行券を作成したときは、有価証券偽造罪が成立する（最判昭25.9.5）。

設問1

次の場合、行使罪は、成立するか？
1．偽造した株券を提示して、資力があるものと誤信させた。
2．偽造した通貨を提示して、資力があるものと誤信させた。

1について
偽造有価証券行使罪が成立します。
この場合、行使とは、真正な有価証券として使用することをいいます。

2について
偽造通貨行使罪は成立しません。
この場合、行使は、通貨を流通に置くことを意味します。
→自動販売機に、偽造硬貨を入れても行使である。
→通貨偽造罪の目的である「行使」も、通貨を流通に置くことを意味する。この目的がないときは、いくら精巧な偽貨を作成しても、通貨偽造罪は成立しない。

参考判例

行使とは、偽造・変造の通貨を、真正の通貨としてその用法に従って使用することをいう（大判昭7.6.15）。

交付とは、偽貨を流通に置く意図で、他人に交付することをいう（大判明43.3.10）。

→交付は、情を知った者に、偽造通貨を交付するという意味である（刑法148条２項参照）。

宿題１　Ａは、偽の１万円札を商店主のＢに手渡したが、Ｂはこれを怪しみこれをＡにつき返した。Ａは偽造通貨行使罪の、未遂か。既遂か？

宿題２　通貨偽造準備罪は、どういう行為を処罰するか？

宿題３　偽貨をつかまされたものが、それと知りつつ偽貨を行使することは、処罰されるか？

設問２

次の場合、どういう犯罪が成立するか？

１．有価証券を偽造し、これを行使して財物を詐取した。

２．通貨を偽造し、これを行使して財物を詐取した。

１について

有価証券偽造、同行使、詐欺罪の牽連犯です。

２について

通貨偽造、同行使罪の牽連犯です。

人に対する偽造通貨行使罪は、詐欺行為を当然に包含しているため、詐欺は別罪を構成しません。

宿題の解答▼

宿題１

既遂です。

Ｂに手渡した時点で、偽の１万円札を流通に置いています。

→偽造通貨行使罪の未遂は処罰されるが、その成立範囲はＢが受け取らなかったときなどに限られる。

→なお、偽造公文書行使、偽造私文書行使、偽造有価証券行使の各未遂罪も処罰される。

宿題2

貨幣、紙幣または銀行券の偽造または変造の用に供する目的で、器械または原料を準備する行為を処罰します（刑法153条）。

宿題3

処罰されます（刑法152条）。

→刑は、罰金または科料にすぎない。

21 公務執行妨害罪

公務員が職務を執行するに当たり、これに対して暴行または脅迫を加えたときに、公務執行妨害罪が成立します（刑法95条1項）。

→なお、同条2項に職務強要罪の規定がある。

設問1

公務執行妨害罪の保護法益は、何か？

公務（国または地方公共団体の作用）です（最判昭28.10.2）。

公務員の身体ではありません。

したがって、昼食休憩中の公務員に対しては、公務執行妨害罪は成立しないと解されます。

→刑法95条1項の「職務を執行するに当たり」の要件を満たさない。

《関連事項》公務の適法性

公務執行妨害罪における公務は、適法であることを要します（大判大7.5.14）。

設問 2

待機中の公務員に対して、公務執行妨害罪が成立することがあるか？

その性質上、絶えず、職場に待機していなければならない職務については、待機中でも、「職務を執行するに当たり」に該当します（最判昭24.4.26）。

参考判例

県議会委員長が委員会の休憩を宣言して退出しようとした場合であっても、なお審議に関して生じた紛議に対処するなどの職務に従事していたと認められる場合は、その際に、委員長に対して加えられた暴行は公務執行妨害罪を構成する（最決平1.3.10）。

→まだ、完全には休憩状態にないため、「職務を執行するに当たり」に該当する。

→なお、公務執行妨害罪は、警察官などの権力的な公務以外についても成立する。本件の判例は、その一例である。

設問 3

警察官が、ある者を現行犯逮捕した。その者が逮捕に際して警察官に暴行を加えた場合、その後の裁判で、現行犯逮捕の原因となった行為について無罪とされたときは、公務執行妨害罪は成立するか？

警察官の行為が、適法な公務といえるかどうかという問題です。

公務の適法性は、公務執行妨害罪が成立する前提条件です。

公務執行妨害罪の保護法益は「公務」であり、違法な公務を保護する必要はないと考えられることになるためです。

判例は、職務行為の適否は、事後的な判断ではなく、行為時の状況に基づいて客観的、合理的に判断するとしています（最決昭41.4.14）。

したがって、警察官による逮捕が、行為時の状況に基づいて適法と判断されれば、公務執行妨害罪が成立します。

適法と判断されなければ、公務執行妨害罪が成立しません。

参考判例

巡査から挙動不審者として職務質問を受け、派出所まで任意の同行を求められた者が、突如、逃走したときに、巡査がさらに職務質問をするためにこれを追跡しただけであれば、巡査の職務行為は適法である（最判昭30.7.19）。

収税官吏が、検査票を携帯しないで、所得の調査をしても、その検査行為を公務の執行に当たらないということはできない（最判昭27.3.28）。
→軽微な瑕疵によって、職務の適法性が欠けるものではないという趣旨。

地方議会の議長の措置が、会議規則に違反しており、法令上の適法要件を完全には満たしていなくても、公務員の職務の執行に当たりうる（最大判昭42.5.24）。

設問4

消防署に虚偽の電話をして、消防車を出動させた。公務執行妨害罪は成立するか？

成立しません。
公務執行妨害罪は、「暴行または脅迫」を加えたときに成立します。
→本事例は、偽計業務妨害罪の問題である（刑法233条後段）。

設問5

公務執行妨害罪における暴行、脅迫とは、何を意味するか？

公務員に向けられた有形力の行使を意味します。
→広義の暴行である。暴行罪における暴行よりも、意味が広い。

公務執行妨害罪における暴行・脅迫は、必ずしも、直接に公務員自身に対して加えられることを要しません。

→公務員に向けられていればよい。

したがって、公務員の職務執行の補助者に対して加えられたものでもかまいません（最判昭41.3.24）。

参考判例

巡査が、覚せい剤取締法違反の現行犯人甲を逮捕する現場で、証拠物として差し押えた注射液入りのアンプルを、乙が踏みつけたときは公務執行妨害罪における暴行に当たる（最決昭34.8.27）。

→直接的には、物を踏みつけても、公務員に向けられた有形力の行使と評価される。

公務執行妨害罪における暴行・脅迫は、これによって現実に職務妨害の結果が発生したことを要しない（最判昭25.10.20）。

→公務執行妨害罪は、抽象的危険犯である。

22 犯人蔵匿罪・犯人隠避罪・証拠隠滅罪

罰金以上の刑に当たる罪を犯した者または拘禁中に逃走した者を蔵匿し、または隠避させた者が、犯人蔵匿罪または犯人隠避罪となります（刑法103条）。

蔵匿とは、官憲の発見、逮捕を免れる場所を提供することです。
隠避は、蔵匿以外の方法で、官憲の発見、逮捕を免れさせる一切の行為をいいます。

犯人蔵匿罪、犯人隠避罪の保護法益は、国家の刑事司法作用です。

設問 1

刑法103条の、「罪を犯した者」は真犯人に限るのか？

真犯人には限りません。

犯罪の嫌疑を受けて捜査または訴追中の者を含みます（最判昭24.8.9）。
→国家の刑事司法作用が保護法益だから、国家が捜査または訴追中の者を含むことになる。

したがって、仮に、捜査または訴追中の者が無罪であったときでも、これを蔵匿または隠避した者に本罪が成立します。

設問2

窃盗が罰金以上の刑に当たることを知らなかった者が、窃盗犯人を蔵匿または隠避した者に本罪が成立するか？

成立します。
→犯人が罰金以上の刑に当たる犯罪を行ったという生の事実（ここでは窃盗の事実）を知っていれば、本罪が成立する（最決昭29.9.30）。

参考判例

犯人隠避罪は、罰金以上の刑に当たる犯人であることを認識して隠避させることによって成立し、その犯人がどんな犯罪をしたのか、また、犯人が誰であるかを知ることを要しない（大判大4.3.4）。

設問3

捜査の開始前に、犯人蔵匿罪または犯人隠避罪は成立するか？

成立します（最判昭28.10.2）。
捜査前、捜査中、審理中、判決確定後のいずれの段階でも、成立します。

参考判例

「罪を犯した者」には、犯人として逮捕勾留されている者も含まれるから、逮捕勾留された後に、被告人が、他の者を教唆して身代わり犯人として警察署に出頭させ、自己が犯人である旨の虚偽の陳述させることは、犯人隠避教唆罪を構成する（最決平1.5.1）。

→身代わり出頭は犯人隠避罪に当たり、犯人が他の者にこれをさせたときは、犯人隠避の教唆が成立する。

設問 4

自己の犯罪の証拠を隠滅することは、証拠隠滅罪に当たるか？

当たりません。

証拠隠滅罪の客体は、「他人の刑事事件に関する証拠」です（刑法104条）。

これを、隠滅し、偽造、変造し、または偽造、変造した証拠を使用することにより、証拠隠滅罪が成立します。

参考判例

他人の刑事事件について証拠を偽造するときは、たまたま、その偽造証拠が、自己の刑事事件に関係を有するときでも、証拠隠滅罪が成立する（大判昭12.11.9）。

刑事事件とは、将来、刑事訴訟事件となりうるものを含む（大判明45.1.15）。

捜査段階における他人の刑事事件の参考人を隠匿すれば、証拠隠滅罪が成立する（最決昭36.8.17）。

犯人が、他人を教唆して、自己の刑事事件の証拠を偽造させたときは、証拠隠滅罪の教唆犯が成立する（最決昭40.9.16）。

→他人に罪を犯させることは、防御権の濫用である。

設問 5

犯人の親族が、犯人の利益のために、犯人蔵匿罪、犯人隠避罪、証拠隠滅罪を犯したときは、その刑は必要的に免除されるか？

任意的免除です。

刑法105条は、設問の場合、その刑を免除することができると規定します。

親族による証拠隠滅等は、情においてしのびがたく、期待可能性が減少するので、刑を任意的に免除することができるものとしました。

しかし、証拠隠滅等は、もともと国家の刑事司法作用です。

親族による場合も、これを侵害することに相違はないので、刑は、必ず免除されるわけではありません。

23 偽証罪・虚偽告訴罪

偽証罪・虚偽告訴罪の保護法益は、国家の審判作用です。

なお、虚偽告訴罪は、第二次的に、被告訴者の私生活の平穏を保護法益とします。

設問1

偽証とは、何か？

法律により**宣誓した証人**が虚偽の陳述をすることです（刑法169条）。

→「宣誓した証人」の身分犯である。

→宣誓をしていない証人、宣誓をした当事者に、偽証罪が成立することはない。

参考判例

証言拒否権を有する者が、これを行使しないで、宣誓の上で虚偽の陳述をすれば、偽証罪が成立する（最決昭28.10.19）。

自己の刑事事件について、他人を教唆して虚偽の陳述をさせた者は、偽証教唆罪が成立する（最決昭28.10.19）。

→他人を犯罪にまきこむことは、防御権の濫用である。

設問 2

虚偽の陳述によっても、裁判所が誤った判断をしなかったときは、偽証罪は成立するか？

成立します。偽証罪は、抽象的危険犯です。

設問 3

虚偽の陳述とは、何を意味するか？

証人の記憶に反する陳述をすることをいいます。

これを主観説といいます。

→証人が記憶のとおりに陳述すれば、たとえ、それが事実に反するものであっても偽証罪は成立しない。

参考判例

見聞しない事実を現認したように証言したときは、仮にその事実があったときでも、偽証罪が成立する（大判昭7.3.10）。

判例が、主観説をとる理由は、証人が記憶にない証言をすること自体が、国家の審判作用を誤らせる抽象的な危険が生じることです。

→裁判官は、証人などのウソを見破るプロなので、証人の記憶に反する陳述がたとえ客観的には事実であっても、裁判官が判断を誤る危険性は高いのである。

設問 4

偽証罪における虚偽の陳述を、「客観的な事実に反する陳述」と解する立場が、客観説である。

この説によると、次の事例は、それぞれ偽証罪を構成するか？

1．証人甲は、乙を目撃した。しかし、丙を陥れようとして、犯人は丙だと証言した。しかし、甲の目撃は錯覚で、真実の犯人は丙であった。

2．証人甲は、乙を目撃した。しかし、乙が悪事をするはずがないと思っ

た甲は、自分の記憶は錯覚であり、犯人は丙に違いないと思ったので、丙が犯人だと証言した。真実の犯人は乙であった。

1について

偽証罪を構成しません。

甲は、記憶に反する証言をしましたが、その証言は、客観的には事実であったので、客観説からは、「虚偽の陳述」に当たりません。

→記憶に反する証言をしたので、主観説からは、偽証罪が成立する。

2について

偽証罪を構成しません。

甲は、記憶に反する証言をしましたが、その証言は「真実（客観的な事実）を語ろう」という意図の下にされました。

このため、結果として、事実には当たらない証言をした本事例でも、甲の行為は、偽証罪の**故意**、つまり事実と相違する陳述をする意図を**欠く**ため、偽証罪を構成しないこととなります。

→記憶に反する証言をしたので、主観説からは、偽証罪が成立する。

設問５

偽証をした者が、判決の確定前に自白をしたときは、その刑は、必ず減軽または免除されるか？

任意的減免事由となります。

偽証をした者が、証言をした事件について、その裁判が確定する前または懲戒処分が行われる前に自白したときは、その刑を減軽し、または免除することができます（刑法170条）。

→刑法170条の自白は、法廷外で行われる場合を含む。

→なお、偽証罪の既遂時期は、陳述全部の終了時である。したがって、証言中に自白をしたときは、刑法170条の問題とはならず、そもそも偽証罪が成立しないことになる（偽証には未遂の処罰規定はない）。

設問 6

虚偽告訴罪における「虚偽の告訴、告発その他の申告」とは、どういう意味か？

虚偽告訴罪における「虚偽の告訴、告発その他の申告」とは、その内容が客観的な事実に反する告訴等を意味します（最決昭33.7.31）。
→客観説である。
→したがって、ある者を陥れるための告訴をしても、たまたまその者が真犯人であれば、虚偽告訴罪は、成立しない。

本罪については、内容が真実に合致していれば、国家の審判作用を侵害するおそれが生じないからです。

なお、虚偽告訴罪は、目的犯であり、「人に刑事又は懲戒の処分を受けさせる目的」があるときに、成立します（刑法172条）。

参考判例

虚偽の事実を申告しても、当該官憲の職務を誤らせる危険がないときは、虚偽告訴罪は、成立しない（大判昭11.12.26）。

虚偽告訴罪の「人に刑事又は懲戒の処分を受けさせる目的で」とは、その認識があれば足り、結果の発生を希望することを要しない（大判大6.2.8）。
→未必の故意により、虚偽告訴罪が成立する。

設問 7

虚偽告訴罪の既遂時期は、いつか？

虚偽の申告が、相当の官署に到達したときです（大判明43.6.23）。
→閲覧しうる状態にあれば足り、実際に捜査に着手されることは要しない。
→虚偽の申告を発送しただけでは、虚偽告訴罪は成立しない。

24 賄賂罪

刑法197条（収賄、受託収賄及び事前収賄）
1項　公務員が、その職務に関し、賄賂を収受し、又はその要求若しくは約束をしたときは、5年以下の懲役に処する。この場合において、請託を受けたときは、7年以下の懲役に処する。

賄賂罪の保護法益は、公務員の職務の**不可買収性**と、**職務行為の公正**です（通説）。

刑法197条1項は、直接には、職務行為の公正に関しては触れていません。
したがって、賄賂の収受等の結果として、公務員が不正な職務をしなくても、賄賂罪は、成立します。
→なお、公務員が、不正な行為をし、または相当の行為をしなかったとき（以下、不正行為等という）は、刑法197条の3第1項の加重収賄罪が成立します。

参考判例

職務とは、その公務員の一般的な職務権限に属するものであれば足り、その者が具体的に担当している事務であることは要しない（最判昭37.5.29）。
→刑法197条1項の「職務」の範囲を広くとっている。具体的な担当事務についてでなくても、賄賂の収受等は、職務行為の公正を疑わせることになるためである。

警視庁に勤務する警察官が、都内の別の警察署で捜査中の事件に関して、その関係者から現金の供与を受けたときでも、その警察官の職務権限は東京都全体に及ぶから、その職務に関し賄賂を収受したものとなる（最決平17.3.11）。

公務員が、法令上管掌する職務に密接な関連を有する準職務行為または事実上所管する職務に関して賄賂を収受するときは、賄賂罪が成立する（最決昭31.7.12）。

賄賂を要求したときは、相手方がこれに応じないときも、賄賂要求罪が成

立する（大判昭9.11.26）。

賄賂を要求または約束し、これを収受したときは、包括して１個の賄賂罪となる（大判昭10.10.23）。

設問１

賄賂とは、何か？

賄賂の目的物は、有形・無形を問わず、いやしくも人の需要または欲望を満たすに足りる一切の利益を含みます（大判明43.12.19）。

→金銭、飲食の提供、遊興、就職のあっせん、異性間の情交などを含む。

参考判例

中元、歳暮など、社交上の慣習、儀礼とみられる程度の贈物でも、公務員の職務に関して授受されるときには、賄賂罪を構成する（大判昭4.12.4）。

盗品等も、賄賂の目的となる（最判昭23.3.16）。

設問２

刑法197条１項後段の「請託」とは、何か？

請託とは、公務員に対して、一定の職務行為を依頼することをいいます（最判昭27.7.22）。

→「例の件よろしく。」というパターンが、請託である。

→請託される職務行為は、不正であることを要しない。

刑法197条１項は、「請託」のある場合（受託収賄罪）に、「請託」のない場合（単純収賄罪）に比べて、重い刑を科しています。

設問3

「請託」がないときでも、成立する賄賂罪には、どういうものがあるか？

次の場合があります。

1．単純収賄罪（刑法197条1項前段）
2．上記の後に不正行為等がされたときの、加重収賄罪（刑法197条の3第1項）
3．不正行為等をした後の、加重収賄罪（刑法197条の3第2項）

上記のほか、受託収賄罪（刑法197条1項後段）、事前収賄罪（刑法197条2項）、第三者供賄罪（刑法197条の2）、事後収賄罪（刑法197条の3第3項）、あっせん収賄罪（刑法197条の4）については、いずれも、「請託」があったことが、犯罪成立の要件となります。

設問4

公選による公務員に立候補した者が、その担当すべき職務に関し、請託を受けて、賄賂を収受したが、落選したときは事前収賄罪が成立するか？

成立しません。

事前収賄罪は、その者が、公務員となった場合に、処罰されます（刑法197条2項）。

→なお、公務員となった後に、不正行為等をすれば、加重収賄罪となる。

設問5

公務員が、不正行為等をすること、または不正行為等をしたこと（または、そのあっせん）が、犯罪成立の要件となる場合が、加重収賄罪のほかに存在するか？

存在します。

次の場合です。

1．事後収賄罪（刑法197条の３第３項）
2．あっせん収賄罪（刑法197条の４）

事後収賄罪は、公務員であった者が、その在職中に請託を受けて職務上の不正行為等をしたことに関して、賄賂を収受等したときに成立します。

また、あっせん収賄罪は、公務員が請託を受け、他の公務員に職務上の不正な行為等をするように、あっせんをすること、またはあっせんしたことに対して、賄賂を収受等したときに成立します。

なお、第三者供賄罪（第三者に賄賂を供与させることなどの行為）は、「請託」のみで成立します。
→第三者供賄罪は、不正行為等がなくても成立する。

設問６

公務員が、一般的職務権限を異にする他の職務に転じた後、以前の職務について賄賂を収受した場合、事後収賄罪は成立するか？

成立しません。
本事例は、単純収賄罪または受託収賄罪が成立します（最決昭28.4.25）。

事後収賄罪の「公務員であった者が、その在職中に」という文言は、退職した公務員を意味し、一般的職務権限を異にする転勤を意味しません。
→事後収賄罪は、不正行為等をした場合にのみ成立するので処罰範囲が狭くなる。
判例には、この事態を避け、刑法197条１項により幅広く賄賂罪を処罰するという意図がある。

25 その他の犯罪

設問１

裁判官が、自己の担当する事件の女性被告を電話で呼び出し、喫茶店で同席したときは、いかなる犯罪が成立するか？

公務員職権濫用罪（刑法193条）（最決昭60.7.16）に当たります。

→公務員がその職権を濫用して、人に義務のないことを行わせた。

→なお、特別公務員職権濫用罪には、当たらない（設問の行為は、刑法194条の逮捕・監禁に当たらない）。

設問２

甲は、強制執行を免れる目的で、財産を隠匿し、損壊し、もしくは仮装譲渡し、または仮装の債務を負担した。

次の場合、強制執行妨害目的財産損壊等罪は、成立するか？

１．強制執行を受けるおそれがあったが、現実には、行われなかったとき。

２．強制執行の基本となる債権が、存在しなかったとき。

１について

成立します（最決昭35.4.28）。強制執行妨害目的財産損壊等罪は、抽象的危険犯です。

２について

成立しません。強制執行を受けるおそれがなかったときは、本罪の成立の前提を欠きます（最判昭35.6.24）。

設問３

談合罪は競売の希望者以外の者について、成立するか？

成立します。競売等に影響を及ぼしうる者であれば、談合罪（刑法96条の６第２項）の主体となります（最決昭39.10.13）。

→なお、入札希望者の一部の行為であっても、談合に当たるという判例もある（最判昭32.12.13）。

設問 4

外国に輸出する目的で、わいせつ物を所持したときは、わいせつ物頒布等罪が成立するか？

成立しません（最判昭52.12.22）。

わいせつ物頒布等罪（刑法175条）の保護法益は、「わが国」の健全な性風俗の維持です。

設問 5

社会的関係上の地位に基づく影響力から受ける不利益を憂慮して、Bが同意しない意思を形成することが困難な状態にあることに乗じて、AがBに性交等をしたときは、Aに不同意性交等罪が成立するか？

成立します（刑法177条１項、176条１項８号）。

不同意性交等罪は、暴行や脅迫を用いること、心身の傷害を生じさせること等のほか、設問のように経済的、社会的地位を利用することにより、被害者に同意しない意思の形成、表明、全うすることを困難な状態にさせ、または、その状態にあることに乗じて性交等をしたときにも成立します。

→本罪の成立には８つの類型があり、不同意わいせつ罪のそれと共通の内容となっている。詳細は、刑法176条１項各号を参照しよう。

設問 6

男を客体とする不同意わいせつ罪、不同意性交等罪は成立するか？また、婚姻関係にある男女の間でも成立するか？

成立します（刑法176条・177条）。

不同意わいせつ罪、不同意性交等罪は、いずれも客体を女性に限定していません。

また、これらの罪は、夫婦間でも成立することが明記されています。

設問7

わいせつな映画を公然と上映することは、どういう罪に当たるか？

わいせつ物陳列罪（わいせつ物頒布等罪）です（刑法175条）。
→多数のわいせつな画像を、連続して陳列したと評価される。

設問8

賭博の常習者が、開店して間もない店で、スロットマシンによる賭博をした。
この者の罪責は？

常習賭博罪です（最決昭54.10.26）。
常習者の賭博行為は、1回の行為でも、常習賭博罪を構成します。

設問9

賭博罪は、いつ既遂になるか？

賭け事の開始をもって実行の着手となり、それと同時に賭博罪の既遂となります。
→賭博罪は、挙動犯である。

索　引

憲法判例索引

刑法判例索引

司法書士

山本浩司のオートマシステム　プレミア 6

憲法・刑法＜第6版＞

2013年1月18日　初　版　第1刷発行
2024年6月25日　第6版　第1刷発行

著　　者　山本浩司
発 行 者　猪野　樹
発 行 所　株式会社　早稲田経営出版
〒101-0061 東京都千代田区神田三崎町3-1-5
神田三崎町ビル
電 話 03(5276)9492(営業)
FAX 03(5276)9027

印　　刷　株式会社　ワコー
製　　本　株式会社　常川製本

ISBN 978-4-8471-5169-9
N.D.C. 327

書籍の正誤に関するご確認とお問合せについて

書籍の記載内容に誤りではないかと思われる箇所がございましたら、以下の手順にてご確認とお問合せをしてくださいますよう、お願い申し上げます。
なお、正誤のお問合せ以外の**書籍内容に関する解説および受験指導などは、一切行っておりません。**
そのようなお問合せにつきましては、お答えいたしかねますので、あらかじめご了承ください。

1 「Cyber Book Store」にて正誤表を確認する

早稲田経営出版刊行書籍の販売代行を行っている
TAC出版書籍販売サイト「Cyber Book Store」の
トップページ内「正誤表」コーナーにて、正誤表をご確認ください。

CYBER BOOK STORE TAC出版書籍販売サイト

URL:https://bookstore.tac-school.co.jp/

2 1の正誤表がない、あるいは正誤表に該当箇所の記載がない ⇒ 下記①、②のどちらかの方法で文書にて問合せをする

★ご注意ください★

お電話でのお問合せは、お受けいたしません。
①、②のどちらの方法でも、お問合せの際には、「お名前」とともに、
「対象の書籍名(○級・第○回対策も含む)およびその版数(第○版・○○年度版など)」
「お問合せ該当箇所の頁数と行数」
「誤りと思われる記載」
「正しいとお考えになる記載とその根拠」
を明記してください。
なお、回答までに1週間前後を要する場合もございます。あらかじめご了承ください。

① ウェブページ「Cyber Book Store」内の「お問合せフォーム」より問合せをする

【お問合せフォームアドレス】

https://bookstore.tac-school.co.jp/inquiry/

② メールにより問合せをする

【メール宛先 早稲田経営出版】

sbook@wasedakeiei.co.jp

※土日祝日はお問合せ対応をおこなっておりません。
※正誤のお問合せ対応は、該当書籍の改訂版刊行月末日までといたします。

乱丁・落丁による交換は、該当書籍の改訂版刊行月末日までといたします。なお、書籍の在庫状況等により、お受けできない場合もございます。
また、各種本試験の実施の延期、中止を理由とした本書の返品はお受けいたしません。返金もいたしかねますので、あらかじめご了承くださいますようお願い申し上げます。

早稲田経営出版における個人情報の取り扱いについて
■お預かりした個人情報は、共同利用させていただいているTAC(株)で管理し、お問合せへの対応、当社の記録保管にのみ利用いたします。お客様の同意なしに業務委託先以外の第三者に開示、提供することはございません(法令等により開示を求められた場合を除く)。その他、共同利用に関する事項等については当社ホームページ(http://www.waseda-mp.com)をご覧ください。

(2022年7月現在)